How We Think

約翰・杜威談
思考的本質

如何在千頭萬緒中保持理性

發現困難 × 找出問題 × 提出假設 × 推論結果 × 驗證猜想，
只要五個步驟，高速提升解答效率！

—— 約翰・杜威 John Dewey 著　孟憲承，俞慶棠 譯 ——

從混沌中理清邏輯，從經驗中塑造科學的智慧
洞悉思考的本質及訓練，用思考改變自己的人生

目 錄

序

舊序

第一篇　思考的訓練基礎

第一章　思考是什麼 …………………………… 011

第二章　為何反思是必要的 …………………… 025

第三章　天賦知能與思考的培養 ……………… 043

第四章　校園情境中的思考訓練 ……………… 063

第二篇　探索思考的邏輯

第五章　反思的過程與成果 …………………… 079

第六章　推論與假設驗證 ……………………… 099

第七章　剖析反省的結構 ……………………… 111

第八章　判斷力在思考中的作用 ……………… 127

目錄

第九章　理解觀念的本質與意義……………………141

第十章　探索定義與概念的核心……………………157

第十一章　控制事實與證據……………………………173

第十二章　掌握推理與概念的關係……………………187

第十三章　從經驗思考到科學思考……………………197

第三篇　提升思考的實踐

第十四章　透過活動促進思維發展……………………213

第十五章　從具象到抽象的思考過程…………………229

第十六章　語言與文字對思考的影響…………………241

第十七章　觀察力與知識在思考訓練中的角色………257

第十八章　教學方法與思考能力的提升………………271

第十九章　總結……………………………………………289

序

　　一部書的修改，有的只是少許文字的訂正，有的竟是大部分的重寫。現在這書的新版，則是屬於後一類的修改了。

　　第一，原書的材料，在這裡雖有刪削，可是新增的材料卻很多，篇幅已比原書多到四分之一。

　　第二，這修改是為了使說明更加確切和明白。凡讀者所感到困難的部分，都已竭力重寫過。這不僅指文句的細微的改訂，也指若干主要觀念的闡明，尤其在第二篇（即本書的理論部分）裡。在那一篇，思考的論理分析，全都重新寫述，希望比以前是簡明得多了。同時，給予原書以特異的性質的基本概念，則不但完全儲存，而且更加充實。為求明白計，增加了許多新的例證；各章的次序也有所變更。

　　第三，關於教學部分的修改，也很顯著。這種修改，反映著自1910年原書出版之時以迄現在的教學方法上的變動。原書所批判的當時流行的教學法，在現時優良的學校裡幾乎已經消失了，被許多新的方法取代了，本書因應著這種變動，「教課」一章，實際上全是新作的。

序

　　許多教師，把他們應用本書的經驗充分供給我，使能成這新本，也是我所妄冀的較善之本：對於他們我欣然表示我的感謝。

杜威　1933 年 5 月

舊序

　　現在學校苦於課程的繁多，每一課目，又各有它繁複的原則和教材；教師苦於工作的加重，團體教學以外，又添上了個別的指導。如果找不到一種統一性的線索，簡單化的元素，那麼，這一切結果也徒陷於紛亂。本書所代表的信念是：這統一的元素，就在於所謂科學的思考態度的養成。有人以為這種思考態度，和兒童的教學並不相干。而本書所代表的信念又是：兒童期的天真的好奇，豐滿的想像，以及實驗的探索的愛好，便很近於科學的思考態度。這書如能幫助讀者了解這層關係，而深知它在教育方法上的應用，可以增加個人的幸愉，減省社會的浪費，則這書也就盡了它的功用了。

　　列舉我所得益的許多著作家，沒有必要。所特別感激的是吾妻，是她引起我著述這書的意思，也是她在 1896～1903 年間芝加哥所設實驗學校裡的工作，使書中許多觀念，因實際試用而獲得了具體的驗證。對於許多合作的教師和指導員的智慧和同情，尤其是那時大學的同事，現任芝加哥教育局長的楊格夫人（Mrs. Ella F. Young），我表示我的感謝。

杜威　1909 年 12 月

舊序

第一篇
思考的訓練基礎

第一篇　思考的訓練基礎

第一章
思考是什麼

第一篇　思考的訓練基礎

一　思考的各種意義

■ 最好的思考方法

沒有人能夠明確地告知別人應該怎樣思考，正如沒有人能夠告知別人應該怎樣呼吸或血液怎樣循環一樣。然而人們的思考方法，卻大致可以表述出來。有些方法是比較好的，為什麼好，理由是可以說明的。懂得好的思考方法與為什麼好的理由的人，如果他想，便能夠改變自己的思考方法，使它更有效率。本書所說的較好的思考方法，叫做「反省的思考」（reflective thinking），是對於問題反覆而嚴正地，持續地思考的一種過程[01]。在未入主題之前，我們先略說別的有時也稱為「思想」的心理過程，作為比較。

■ 意識之流

在我們醒著，有時連睡著的時候，心裡有些事情往來著。如果是在睡眠中，我們稱它為夢。當然我們也有晝夢——幻想（如同空中的海市蜃樓），一切心慵意懶中的思緒。這種不控制的心理過程，通常也稱為「思想」。孩子們有

---

[01] thinking 與 thought，一指過程，一指結果。譯文中一譯思考，一譯思想。但在原書中二詞常互用。

時試著要「不想」而不能。我們醒著時的生活消磨於這種無端的心思、紛繁的意想、愉悅而無憑的希冀，倏忽而模糊的印象的時間，超過我們自己願意承認的程度。就像俗語所說，肯「給你錢而要知道你在思考著什麼」，他一定也得不到什麼。縈繞於你的心中的，過後沒有多少值得遺留的。

■ 反省的思考是連貫的

從這種意義上來講，就連愚蠢的人也能有思想了。我曾聽到這樣的故事：一個沒有很多智慧的人，想參選做一個委員，他對身邊人說，「你們不要以為我的知識不夠，而要知道我在這大部分的時間，總是思考著各式各樣的事情。」所謂反省的思考，包含一串所想的事情，你可能認為這種思考和散漫的思想沒有兩樣，可是它絕不止於「這樣那樣的事情」偶然的、不規則的連續，和散漫的思想是截然不同的。反省的思考，不止於觀念的「連續」（sequence），而要求它連續的「結果」（consequence）──它是一個持續的，有步驟的過程。前一步決定後一步的結果，後一步參照前一步的成因；一步一步，相因而發生，相輔而成立。不是胡亂地倏往倏來。每一步，術語上稱為思想的一個「名詞」（term），每一個名詞，遺留著在下一名詞裡可以利用的成分，這全部過程成為一個連續。各個單位，這樣互相連貫，持續地向著一個共同的目的前進。

第一篇　思考的訓練基礎

■ 不直接知覺事物的意象

通常所謂「思想」的第二個意義，指非直接感知，不是見到、聽著、觸著、嗅著、嘗著的事物。我們問一個講著故事的人：「你看見那件事情發生的嗎？」他答：「沒有，我只是想著的。」這就是意象的創造，而不是觀察的實錄。想像的情節，多少也以一條線索貫穿起來；這種「思想」是介於虛構的幻想與有意獲得結論的思考之間的。兒童們娓娓講談的想像故事，內含的配合性的程度很有參差，有的是斷斷續續的，有的是有連繫結構的。如果是有連繫結構的，它們便會引起反省的思考，而這也就是思考能力的表現了。兒童的這種想像，發展在嚴正的思考之前，而為它的準備，可是在想像裡，觀念只是不直接感知事物的意象，而所謂思考，只是這些意象的連續罷了。

■ 反省的思考是要獲得結論的

反省的思考不止於以意象為娛樂，而有著一個「目的」（purpose）。在反省的思考中，意象的連續，必求達到一個目的，獲取一個於意象以外可以證明的結論。當作一個故事說，「巨人國」是有趣的，但是反省的結論，要說出這種巨人存在於何時何處，便非於意象以外有事實的證明不可了。我

們口頭上所謂「要想得通」，思考要能夠使糾結得以貫通：它有所要達到的目的，而這目的就控制了觀念連續的過程。

■ 信念

通常所謂「思想」的第三個意義，實際上便等於「信念」（belief）。說我想明天天氣會冷，說我想匈牙利比南斯拉夫要大，等於說我相信如此云云。前人想大地是平的，等於說前人相信是這樣。思想的這一意義比前述兩個意義更狹窄了。信念指超於事物以外而對這事物的判斷；它確定（肯定或否定）一個事實、一種原則或一項定律。信念的重要，不消多說。凡我們並無可靠的知識卻有充分的自信而決定的事情，都是信念。凡我們自認已有可靠的知識而將來或許證明只是偏見或謬誤的，也都是信念。

說思想等於信念，並不就是說那信念一定有根據。例如人們同樣說，「我相信地球是圓的」，而其中有人當著別人提出問題的時候，並不能拿出他這樣相信的證據來，他只是從別人那裡拾來這樣一個觀念；他接受這個觀念，也只因這個觀念的流行，並不因為自己曾經思索過，也並不因為自己曾經自動地參與過這一信念的樹立。

所以這種思想是無意識地產生，是不知道怎樣得來的；

第一篇　思考的訓練基礎

從隱微的源頭，從不知不覺的蹊徑，潛入人們的心中，而成了人們思想結構的一部分。傳說、教訓、模仿這些靠著權威、私利或強烈的情緒都要負些責任。這種思想其實是成見，而不是從直接觀察、蒐集和檢查證據等思考活動中所得來的結論。即使有正確的，它的正確性也只是偶然。

■ 反省的思考能促起探究

這樣，我們又回到反省的思考和通常所謂思想的比較。前兩種意義的思想，是有害於我們心智的，因為它們分散了我們對於現實的注意，也浪費我們的時間。可是沉溺得如果不過分，卻也能帶給我們單純的娛樂和必要的消遣。不過無論怎樣，它們不能稱為真理，不能要求人們必須接受。它們只有情緒的約束，而沒有理智的、事實的約束。至於第三個意義的信念，卻是理智的、事實的判斷，唯其如此，信念遲早會要求我們去考察它的根據。把一片白雲想作一匹駱駝或一條鯨魚，這是想像，這並不約束我們要採取騎那駱駝或取那鯨脂的結論。但是當哥倫布想著地球是圓的時候，這是信念，這就約束著他和他的朋友，去決定別的信念和行動，去試探印度的航線，去推想從大西洋一直西航的結果；正和前人相信地球是平的，而約束著他們相信環繞地球不可能是一樣的。

地球是平的信念,當初不算沒有一點證據,它是根據人們視覺限度內觀察到的。但這點證據,沒有繼續考察,沒有與別種證據核對,也沒有對更新的證據進行搜索,那就使這種信念由於人們的怠惰和習慣,缺乏繼續探究的勇氣。地球是圓的信念,卻根據縝密的探究和擴大的觀察,根據各種不同的臆說產生的不同結論的推測。這種思考過程,區別於第一種所謂思想,是它有觀念的秩然的連貫;區別於第二種思想,是它有受著控制的目的;區別於第三種思想,是它出於個人主動的探究。

不肯輕易接受傳統的信念,肯懷疑,肯探究,哥倫布有了他的新思想。悠久的習慣認為確定的信念,他偏要懷疑;多數的人們認為虛構的,他偏要信;他的思維這樣邁進著,直到自己能夠提出所疑所信的證據來。即使他的結論是謬誤,那也與舊的信念不同了,因為它是由不同的思考方法得到的。反省的思考就是對於信念(或假定的知識),從它所依存的根據上以及它所指向的結論上,進行自主的、持續的、縝密的思考。前三種思想,雖然都可以引起反省的思考;但反省的思考一旦開始,則必有有意的努力,把信念築在證據與合理性的堅牢的基礎上。

第一篇　思考的訓練基礎

二　思考的中心因素

■ 觀察不到的事物怎樣暗示起來

　　然而各種思想間，也沒有完全分明的界線。若使它們不是互相混合雜糅，那麼，養成正確思考習慣的問題，倒也就簡單了。我們以前為了說明上的方便，所舉的實在是各種極端的例子。現在反過來，讓我們引一個介於縝密思考與游離幻想之間的例子。一個人在熱天到外面去，起初天氣是晴明的，在路上他正想著別的事情的時候，突然注意到氣溫的降低。他想這莫非要下雨；抬頭一望，烏雲堆了上來，他就加快了腳步。在這個情境裡，什麼算是思想呢？走路的動作、氣溫的感覺和烏雲的仰視，這些活動不算思想。可是將要下雨的可能是「暗示」（suggested）起來的。他覺得冷，而想著雲；看見雲，想到看不見的雨。這暗示起來的事物，就是觀念，是思想了。如果他相信這暗示的可能，那就歸於知識的範圍而要求反省的思考了。

　　在若干限度內，這個情境和一個人看著雲而想像起一個人的臉也無異。在這兩種情境（一是信念，一是幻想）中，思考都是由知覺的事物（雲），暗示著另一知覺不到的事物（雨或人臉）。可是其間也有絕不相同的一點：人們並不相信雲是

018

人臉,沒有反省的思考;反之暴雨的襲來,卻當作一個實際可能的危險。換句話說,人臉只是雲的暗示,而暴雨卻是它的意義。一種情境是我們見到一個事物,而偶然想起其他事物;而另外一種情境是我們把見到的事物和暗示的事物的關係、有什麼可能、具有什麼性質都思考過了。後者所見的事物成為暗示的事物的信念的基礎,成為它的一種證據。

指示的作用

一事物「指示」(signifies)它事物,即使人以一事物為相信它事物的根據的這種作用,就是「指示的作用」,也是反省的思考的中心因素。學者只要想到「指示」這類名詞所應用的情境,便知道思考的因素了。(如「代表」、「預兆」、「意含」等意義都是相似的。我們說一事物預兆它事物,是它事物的象徵、線索或暗示。)反省的思考固然不等於「一事物指示它事物」這一點。但當我們探究這指示的可靠性,試證它的價值,而求得它的證據時,反省的思考便在進行了。

反省的思考包含有證據的信念

反省的思考這樣包含事物,不是因為它的本身,而是因為它所暗示的部分,認為是一種信念的根據。「雨」有時是直接知覺的,而有時我們從樹葉和草上的水滴,可以推想到

曾經下過雨；從空氣或氣壓表的變化，可以推想到將要下雨。「人」有時是直接看見的，而有時我們看不清，把其他事物作為符號或指示來推知其為什麼人。

反省的思考的定義是：它是從現有事實暗示其他事實，而以其間的實在關係作為信念的根據的一種過程。一片白雲，可以暗示一個鼬鼠或一條鯨魚，但並不真是鼬鼠或鯨魚；因為所見的和所暗示的並沒有關係。一撮殘灰不只暗示火，而且證明曾經有火；因為只有燃燒才能有灰燼，所見的可以作為所暗示的根據。

三　反省思考的各形態

進一層說，反省的思考和其他一般所謂思想不同，它包含：(1)引起思考的疑難，(2)解決疑難的探究。

■ 疑難與探究的重要性

在前面舉出的例子中，氣溫的突然降低是一個疑難，因為出於意外，它需要一個解釋。叫它是一個「問題」或許有些勉強，可是我們如果把「問題」這一名詞的意義放寬了，使它包括一切尋常瑣碎的疑難，這就是一個真實的問題了。

抬起頭來，睜著眼，看著天，這些是尋求事實以解決疑難的動作。初得的事實是紛亂的，但至少暗示了雲；抬頭注視的動作，就是要確定所暗示的對不對，叫這個動作是「探究」或「研究」似乎也有些勉強，可是我們如果把思考的意義推廣些，使它包括一切尋常細微以致專門學術的思索，這就是一個探究了。因為這個動作的目的，在於覓取事實而得到一個有證據的結論。既然是有目的的動作，既然是為得到信念尋求根據的動作，當然要算是簡單的探究了。

再舉一個尋常而不這麼細微的事例。一個在異地旅行的人，走到一個岔路口，躊躇著不知道哪一條對。這疑難怎樣

解決呢？只有兩種方法：一是盲目地、武斷地前進，聽憑命運安排；一是先思索一下，找到可以認為對的一條路的根據。如出於後者而以思考來決定，則必須從記憶或觀察再探究其他更多的事實。這位旅行的人必須回憶，必須仔細觀察，才能找到對的一條路的證據。他可以攀升樹巔去瞭望，他可以這條那條都試走一走，探索一些線索。這時他所要的，是可以替代「路標」或「地圖」那樣的東西；他的反省的思考，目的在於這樣事實的發現。

概括說來：思考起於岔路的疑難，起於兩歧的取捨。如果行動是平順而毫無困難，如果思考只是聊以自娛的幻想，那便沒有反省的必要。只有遇到困難和阻礙，在將信將疑之時，我們才會停頓下來，細細思索。只有停頓在疑難之中，我們才會遐想高瞻，找出觀察新事實的立場，從這立場決定各事實的關係。

■ 思考受目的的支配

解決疑難的要求，是持續與引導思考全程的因素。如果沒有要解答的問題，要克服的困境就會胡思亂想，就只有第一種的所謂思想。如果觀念的連續，只受情緒的引導，只是它和幻想或故事的配不配合，那就只有第二種的所謂思想。但到了要解答問題，決定疑惑，則觀念的流動必須向著一定

的目的，循著一定的途徑；每一個暗示或假設的結論，要以目的來判斷，要問它和問題有沒有關係。解決疑難的需求也支配著探究的性質。在異地旅行的人本來的目的在於賞玩最美的風景，在於覓取最快速的歸程，那麼他探究的立場也會隨之而異。問題的性質決定思考的目的，而目的支配著思考的過程。

四　總結

　　複述起來我們可以說，思考起於疑難。它不像「自然燃燒」，也不憑「抽象原理」而可以凌空發生。它必定要有引起它的情境。讓兒童（或成人）去思考，他的經驗中如果沒有感覺的疑難，那是完全無效的。

　　有了疑難第二步便是解答方法的暗示——一種暫定計畫的成立、一種解釋理論的產生。現有事實不能供給問題的答案，只能暗示這答案。暗示的來源是什麼呢？那就是過去的經驗和所有相關的知識了。如果一個人遭遇過類似的情境，處理過類似的事實，那麼暗示便容易產生。否則疑難將終於疑難，即使有問題，思考還是不會進行的。

　　然而有了疑難，又有類似的經驗，思考也未必就是反省。所引起的觀念，不經過批判的檢查，所確定的結論就沒有充分根據，倘若怠惰或輕率，不肯耐心尋思，而只以第一答案為解決者，仍舊是沒有反省的思考。只有甘願忍受猶豫和不安、不因探究煩苦的人，才會有反省的思考；而許多人就不喜歡這猶豫和苦悶，他們要直截痛快，因而養成獨斷的習慣，並把遲疑嚴密當作思想低劣的表徵。在這一點，反省的思考和不良的思考習慣迥然不同，真正的思考，須願意延長猶豫和遲疑以促起徹底探究，如果沒有充分理由，不輕易接受任何結論或信念。

第二章
為何反思是必要的

一　思考的價值

■ 使行動有目的

　　大家承認，至少口頭上承認，思考的能力是十分重要的；我們拿它的有無，來區別人和獸類。可是思考是怎樣重要？為什麼而重要呢？我們平常也只有含糊的觀念，因此值得把思考的價值，先作一說明。第一，思考使我們解脫衝動的、慣例的行為；正面地說，它使我們行為有先見和目的，它使我們做有意的行動以達到預期的結果，或把握住遙遠的將來。想到不同的行動產生不同的結果，我們便知道自己在做什麼，這樣一來，思考把盲目的、情感的行動轉化為智慧的行動。獸類的動作按照我們所知道的，完全受外界刺激和生理狀態的驅使，人類能思考，他的動作可以決定於遠見，決定於多少年後才能獲得結果。一個青年為了多年後的生活而接受一種專業教育，便是例子。

　　獸類遇到下雨，身體受著刺激，便往洞裡跑。人類能思考，看到可以指示將要下雨的事實，就會依著預期採取適當的行動。凡播種、施肥、收穫都是有意的動作，都可以用現在經驗中認取其所預兆的價值行動，沒有思考的人就不會這麼做。哲人們常用「大自然之書」、「大自然之語」等比喻「正

唯有思想,才能使事物之已形者」,為未見者的象徵,只有自然界無聲之語才可以了解。對於一個會思考的人,事物是它們過去的紀錄,例如從化石可以發現地球的歷史,也會是它們將來的預言。例如從天體的地位可以預測很遠的日食。莎翁(Shakespeare)詩裡所謂「樹中有舌,溪中有書」,正寫出一個能思考的人所能加於事物的意義。如果周圍的事物於我們沒有意義,如果它們不能指示我們以某種動作得到結果,那麼對於事物的有意的控制便不可能。

使預防和發明有可能

第二,人類也運用思考來安置人為的符號,以預示結果,然後有所趨避。上述思考的特點區分人與禽獸;這個特點則區分了文明人與野蠻人。野蠻人在航行中遭到覆舟的災禍,會注意到若干事物作為危險的符號;文明人卻思患預防,安設浮標,建築燈塔,作為有危險的符號。野蠻人能老練地觀測晴雨,文明人卻設定一個氣象臺,在沒有任何徵兆之前,用人為的方法,探取氣候變化的符號,而且把探取得到的資訊廣播出來。野蠻人能精巧地偵查荒野的路途,文明人卻開闢一條大道,為大眾指出一段途程。野蠻人會察出火的符號並且發明取火的方法,文明人卻發明燃燒的汽和油,製造電燈和蒸汽機。文明的特質,就在於人能夠有意地製成象徵物,以免遺忘;有意地創作器械,以覘預兆,使得危害可

以避免或減少，利益可以穩定或增加。一切人為的器械，無非是有意地對於自然物進行改變，使得它們盡量供出其未來的、隱微的、遙遠的意義。

■ 使事物的意義更豐富

最後，同樣的事物對於能思考與不能思考的人，有不同的地位和價值。這書上的文字，在不識者看來，只是離奇的黑白不同的圖跡，在識者看來，這些符號代表著觀念和事物。我們一直以事物為有意義，而不僅僅是感官的刺激，我們這樣習以為常，以致不容易明白這意義的由來，是為了在過去這種已見的事物能指示所未見的事物，還是這種指示又為後來經驗所證明的。假如我們在暗中碰到一件東西，我們的反應是立即避開，以免撞傷跌倒，而不問那東西是什麼，那麼這東西便只是機械的刺激了。許多事物便是這類的刺激，當然也便沒有意義，也不能成為確定的「對象」（objects）。對象不只是一件「東西」（thing），而是有了確定的意義的東西。

這個區別很容易了解，讀者只要想起自己所認為奇異的事物，和有著專門知識的人看這些事物一比，或者拿自己未有和已有理智的認識的事物一比，便明白了。一缸水，從平常人看來，只指示是可以洗濯或止渴的；從另一人看，則是

第二章　為何反思是必要的

兩種化學的原子化合物，或是含有病菌而危險的飲料。小孩子最初接觸的東西，只是些顏色、光和聲音的配合，要等到這些東西成為可能而未見的經驗的符號時，於他才有意義。在有學問的科學家眼裡，尋常事物所含的意義便擴大了範圍，一塊石頭不只是一塊石頭，它是一種礦質，來自一種地層，它代表著百萬年以前的地球歷史。

兩種價值：控制事物和豐富意義

以上所說思考的三種價值前兩種是實際的，它們增加我們控制事物的能力；第三種則給予事物更豐富的意義，不管控制得如何，我們知道日食和它究竟怎樣發生，日食是增加了意義，但我們並不能影響天體的現象。對於這種事情，我們不一定有思考的必要，但是如果我們以前是思考過的，則那是思考所得，便積蓄在那裡使這些事情的意義更豐富了。思考的巨大的報酬，在於已得的意義在生活中事物上的無限應用，因此生活中意義的繼續發展也無限。靠著前人思考的結果，今日兒童們所能看到的事物的意義，有昔日偉大的天文家如托勒密（Ptolemy）和哥白尼（Copernicus）所沒有看到的。

穆勒（John Stuart Mill）這樣說思考的價值：

「推論是人生的一件大事。每個人每日、每時、每刻都有確定自己所沒有直接觀察的事實的必要；這並不是為了求

知，而是因為這種事實，與自己的利益、業務是有重大的關係的。行政官、軍事指揮者、航海者、醫生、農業家所必須做的一件事，就是判斷證據，決定行動；他對於職務的忠不忠，看他這件事做得好不好。只有這件事是永遠不能不用心的。」[02]

訓練思考的兩個理由

上述三種價值的累積，使得人類理性的生活，與其他動物被牽制於感覺和嗜慾的生活不同。這種價值，除在一極狹的限度內，是為生活需求必然的發生，並不是自然而然地發生，並且要有嚴謹的教育引導，還不止此，思考是可以誤入歧途而成為虛假有害的信念的；我們所慮的，不只是思考沒有發展，而是思考的錯誤發展；這樣看來，思考的系統訓練就非常必要了。

比穆勒更早的著作者洛克（John Locke, 1632-1704），談到思考與人生的關係時，認為為使思考盡可能發揮它最大的功能，免除最壞的弊害，他說：「凡人行事，必存著一種意思，作為行事的理由。不論他運用什麼『官能』（faculties），他的『悟性』（understanding）正確或不正確，總是在前引導著決定他的行動的。表面上寺院裡的神像，影響著無數的人，

---

[02] 見穆勒 *System of Logic*，引言，第五節。

第二章　為何反思是必要的

其實是人們心中的意象真正主宰著他們,這些心中的意象是控制著他們的無形勢力。所以最要緊的,是對於『悟性』要注意指導,使其能求得正確的知識和判斷。」[03]

　　思考的力量,一方面使我們超脫於本能和慣例,一方面也帶來了錯誤的機會和可能。它把人類抬高到其他動物之上,同時使人類有其他完全受制於本能的動物所沒有的危險。

---

[03]　見洛克 *Of the Conduct of the Understanding* 第一節。

第一篇　思考的訓練基礎

二　常須制約的傾向

▌思考的正確受自然社會的制約

在某種限度內,生活的需求不斷地運行著思考的紀律。這種紀律,是任何人為巧妙的方法所不能替代的。燒痛手的小孩怕火,這樣得到的正確推論,比之於關於火的性質的博學演講有效得多。如果行動是與社會有關的,那麼社會的情境也制約著思考的正確。這類制約,影響到生活本身;敵人的蹤跡、住處和飲食以及其他社會情境的徵兆,都是能正確了解的。

但這種紀律在某些限度內很有效,卻不能進行得很遠。在某一方向所得的合理的推論,並不能排除在另一方向的怪誕的謬誤。野蠻人在狩獵中能精確地推斷野獸的蹤跡和住處,而對於野獸習慣的來源,以及其結構的特性卻一直接受著荒謬的臆說。只要推論不直接影響到生活的安全,就沒有自然的限制,使他不接受錯誤的信念。只因為臆說是生動而有趣的,他就接受了;習俗相沿,即使已有積聚的可靠資料,也不易使他獲得正確的推論。而且人類有一種「原始的輕信」(primitive credulity)的傾向,在有相反的確鑿的證據之前,他什麼都相信。在人類思想史上,他幾乎是窮盡了一個

信念的一切錯誤的形式以後,才發現正確的思想的。科學思想史也指明,一條錯誤理論得到一般承認以後,人們寧願費盡心思再蒐集錯誤事實來支持它,也不願放棄它。托勒密關於太陽系的理論,在被放棄以前,人們是費盡了心思去維護它的。就是在今日,群眾接受自然科學所給予的許多信念,也只為它們是習俗中流行的,並不是因為真的了解這些信念的根據。

迷信和科學是一樣的自然

如果只是當作「指示」的功用來說,一段水銀來預告晴雨和用獸的臟腑、鳥的飛翔來占卜戰爭的勝負一樣。蚊蚋聲可以預兆瘧疾,也和撒鹽可以預兆吉凶是一樣的。要決定什麼是正確的推論,什麼是愚頑的迷信,只有靠觀察到的情境的系統控制,與獲得結論習慣的嚴格紀律。科學之所以能替代迷信,並不是因為我們感覺的敏銳,或指示功用的自然奏效,而是將觀察以及取得結論的「條件」（conditions）加以控制的結果。如果沒有這種控制,夢幻、星宿、掌紋、紙牌都可以做吉凶的符號,而最有意義的自然現象,反被視若無睹了。吉凶的先兆現在是壁角裡的迷信,以前卻是普遍的真理,經過長久的科學紀律才被克服。

■ 錯誤思考的一般原因 —— 培根的偶像

錯誤信念的來源，以前有人分析過且值得我們審視的。例如培根（Francis Bacon）曾列舉過四種錯誤觀念的誘因，他用詭譎的名詞稱它們為「偶像」（idols）或魅影，包括：(1)部落的偶像；(2)市區的偶像；(3)巖穴的偶像；(4)劇場的偶像。說得樸素些，就是：(1)人類一般本性的錯誤；(2)社交和語言的錯誤；(3)個人習性的錯誤；(4)時代流行的錯誤。我們把這四種錯誤信念的原因分為兩類，可以說，其中兩種是內含的，而另外兩種是外鑠的。內含的原因，一是人類共同的傾向（例如對於偏好的信念，只注意到與它的相符的事例，而不肯觀察它否定的事例，便是一個共同的傾向）；一是個人性情習慣的偏執不明。外鑠的原因，一是由於一般社會的情境（例如把名詞當作事實，沒有名詞便當作沒有事實的傾向）；一是由於一時一地社會的風尚的。

■ 洛克論錯誤信念的形式

洛克錯誤信念的形式，不像培根那樣的整齊，但更是顯豁。引用他自己剛勁的話，他列舉幾種人展示錯誤思想的幾個樣子：

第一種人是難得思考的；為了省卻自己思考的煩難，他們的行動和思想都遵循著父母、鄰居、教師或任何所信仰的人。

第二種人以情慾代替理性；既然決定以情慾主宰自己的行動和思辨，那麼除了適合自己的利益或黨派者以外，就不運用自己的理性，也不聽從他人的理性。（洛克在別的地方說：「人的偏見和傾向，經常主宰著他。……傾向在語言中變成好聽的名詞，名詞引申出偏愛的觀念，最後，那傾向便當作明白確切的結論而化裝成功了。倘若照它固有的狀態，正確的觀念怎樣也不能被承認。」）

第三種人願意而誠心地聽從理性，可是沒有融通地辨識事物的能力，沒有對於一個問題充分地觀察……他們所識的只是一種人，所讀的只是一種書，所聞的只是一種意見……是一個往還支流小港而不敢向知識的大洋去探險的「通訊員」。本來稟賦和別人也差不多，而知識的造詣卻居於人後，就為了運用「悟性」的範圍，用心蒐集知識，獲得觀念的範圍，比別人顯得狹隘。[04]

在別的書裡，洛克同樣的意思[05]也有略為不同的說法。他說：

1. 凡和我們既定的原則不符的，我們不但不認為或許可能，並且認為絕對不可能。對於這種原則，有這樣大的尊敬，而且給予這樣高的權威，以致不但別人相反的證明，就連自己感覺所得的相反證明，也遭到我們的摒

---

[04] 見洛克 *Of the Conduct of the Understanding* 第三節。
[05] 見洛克 *Essay concerning Human Understanding*, Book Ⅳ, Ch. XX.

棄。……兒童們從父母、保母和親近的人接受了許多意思，本來是天真的、沒有戒備、沒有偏倚的理性，漸漸地被這些意思浸潤，經過長時間的習慣和教育，又不問其真偽，把這些意思緊縛得十分牢固，不可再拔。等到他們長大了，想到這些意見，和自己的記憶有同樣悠久的來源，遂不察其怎樣浸潤而來，怎樣束縛而牢不可破，把它們視為神聖的東西，絕不容許懷疑或褻瀆。他們以這些意思為標準判斷真偽，辨別一切是非。

2. 還有一種人的理性鑄成了一個固定的模型，而照著所接受的意見判斷模型的大小。這種人，雖不否認事實和證據的存在，對於事實和證據，也就不能像本無成見者一樣信從。

3. 占優勢的情慾，也使理性陷於同樣的命運。一個貪婪的人把理性所得的蓋然性和金錢秤一秤，金錢一定是重得多的。泥土般的心，像泥土築的壁壘一樣，能抵抗最強烈的炮擊。

4. 最後，理性錯誤的度量是權威。這使人放棄自己的意見，而屈服於朋友、黨派、鄰里或國家流行的意見。它使人沉溺於無知和謬誤，比前三種總合起來的力量還要大。

第二章　為何反思是必要的

■ 態度的重要

以上我們引用了有力的思想家的話。但其中所指的事實，也常見於我們日常經驗中。我們只要會觀察，便會見到我們自己或別人，都有傾向於自己欲望的觀念。我們喜歡它是真的，便認為真；不為我們所喜歡是真的，怎樣也不易為我們所相信。我們大家會輕率地得到結論；為了維持自己的態度，再也不肯檢查試證自己的觀念。我們大家會武斷地概括事實，那就是說，從一兩個事例便概括了全體。個人的欲望以外，社會的勢力無關於思想之真偽的，也有重大的影響，使得思想傾向於這些不相干勢力的限制，有幾種並不壞，也使思考的訓練更加有必要。例如對父母和有權威的人的尊重，抽象地說，是好的特質。但如洛克所說的，這種特質使我們的信念隔離或是違背理智的主要力量。傾向和別人意見的融和也是好的特質。但也容易陷於別人的偏見，而缺少自己獨立的判斷。

態度很重要，所以思考的訓練並不單靠論理形式的知識。這種知識，並不能保證好的思考的能力。而且固定的思想練習，也並不一定能養成好的思想家。知識和練習，都是有價值的。除非他個人自己的品性中有堅強的態度在激動著，否則並不會求得這樣的價值。以前，人相信心智分為各不相同的「官能」（faculties）如記憶、注意等，可以用反覆的

練習來發展，正如肌肉可以用體操來鍛鍊一樣。但現在，這信念在廣義上已不為人所承認了。同樣，人們也不再用論理的公式來造成一般的思想習慣。舉一個顯而易見的例子，專家討論到專業以外的問題，便不用自己專業以內所必須用的證明事實的思考方法。

態度與方法的合併

我們所能做到的，是培養適於運用最好思考方法的態度。單是方法的知識是不夠的，須有運用方法的欲望才可以。欲望是屬於個人傾向的。但在另一方面，單有傾向也是不夠的，仍必須有表現這種態度的最適當的形式和方法。關於思想的形式和方法是以後要討論的，這裡，先略舉必須培養的幾種態度。

（一）虛心（open-mindedness）

這種態度，便是沒有偏見和任何閉塞心思而不願考慮新問題、新觀念的習慣。但這不等於「無心」（empty-mindedness），而是有積極意義的。雖然對於新問題、新觀念是寬容的，卻不是像掛上一塊牌子說「這裡無人，請進來」那樣的寬容。它包含一種主動的欲望，去聽取不止一面的理由，去注意任何來源的事實，去充分考慮兩歧的可能，去承認自

己所最珍愛的信念或許是錯誤的。心智的怠惰最會閉塞新觀念，使人走向最小抵抗力的舊途。舊信念的改變需經過很大的抵抗。自滿和傲慢以承認舊信念的錯誤，為怯弱的表徵；把舊信念看成一種「寶貝」，依然蔽聰塞明地擁護它。無意識的恐懼也會驅使人們去採取辯護的態度，像穿著護身的盔甲一樣，不但拒絕新觀念，並且拒絕新觀察。這些勢力結合起來，就會充塞心思，拒絕接觸學習所需的理智。要戰勝這些勢力，最好是培養靈敏的好奇和求新，這也是所謂虛心的要素。至於消極地容許一些新事物滲透進來，那樣的虛心，還是擋不住這些勢力的。

(二) 全心 (whole-heartedness)

　　凡對於一種事物感到充足的興趣時，人會全心全意去應對，這個態度的重要，在實際的道德事情上，是一般人所承認的；其實在理智的發展上也同樣重要。興趣的分歧，是有效思考最大的仇敵，不幸的是這種分歧，在學校裡很常見。學生表面上對教師，對功課是注意的，而他最深的內心卻另有興趣。他用耳目表示對外面的注意，用腦去尋思自己感興趣的事物。他的學習是強制的，他要答覆教師的問語，預備學校的考試，或獲得教師和父母的歡心。可是所學習的材料，本質上並不能吸引他的心思。他的學習不是聚精會神、一心一意的。這種情形，有時沒有多大關係，但有時就十分

嚴重，一旦養成一種態度，會成為良好思考的最大障礙。

　　一個人只要能夠全心傾注於一門功課，這門功課便自會引著他前進。問題自然發生了，許多暗示或假設也就自然湧現了，進一步的探究閱覽也就循序進行了，他用不著費他的氣力在勉強的注意上，教材就夠吸引他的心思，鼓舞他的思考了。這種熱忱的態度是一種理智的力量。教師如能激發這種求知的熱忱，他的成功便非任何形式的方法所能企及的了。

(三) 責任感 (responsibility)

　　這一特質 (trait) 與前一種一樣，平常以為是屬於道德，而不屬於理智方面的。但要使尋求新觀念的虛心與傾注於作業的熱忱，能夠充分有效，這一態度是必需的。虛心和熱忱，可以散漫而毫無約束；它們還不能擔保思考所需的集中和專一。所謂理智的責任心，是考慮到預定步驟的所有結果；而想到這種結果既是合理的必然發生的，也願意予以承受。理智的責任心使我們的全部信念前後貫徹互相融和。平常人會接受新的信念，卻不承認其所必有的結果；他們依附於某種信念，而不願意擔負其所必須承擔的責任，於是他們陷於一種思想的混亂。信念的分裂使理解變得模糊，掌握力漸漸薄弱；採用兩種不調和的標準，必然使掌握力減弱。當學生們修習與自己經驗隔離得很遠，不能激發主動的好奇，不適

合了解的程度的功課時,他們只有在實際生活的度量以外,另外選用一種度量,來量這些功課的價值。他們變得不負責任,他們不問讀書的意義,不管讀書和生活其他部分的信念行動的關係如何。

課目過於繁多,教材過於割裂,使得學生沒有工夫去衡量它們的意義時,也會造成思想的混亂。學生已學會的功課和已相信的道理,與生活行動中的信念完全不同。他的思想糊塗,不但對於任何特定的材料糊塗,連這些材料為什麼值得相信的理由也糊塗了。要改善這樣的情形,需要減少些課目,減少些教材,而增加思考探究的責任。「透澈」(thoroughness)的意義,在於進行一件事並使它完滿成功;要能夠徹底達到完滿成功,就靠有責任心的態度。

態度與思考的意願

以上三種態度,都是個人品性上的特質。要養成反省的思考習慣,它們並不代表其所需的一切態度。但別的態度說起來,也是品性上的特質,也要從品性中培養。任何人都會對於偶爾注意的事物思考。一部分人對於自己專業上所感興趣的事物,會持續地思考。至於徹底的一種思考習慣,則範圍還要廣些。當然,沒有人能想隨便什麼事;也沒有人可以沒有經驗知識而隨便想什麼事。然而人們卻有所謂思考

第一篇　思考的訓練基礎

的「意願」（readiness）凡是自己經驗所及的問題，都願意加以合理地思考；不以習慣、傳說、偏見等為判斷的依據，不避反省的思考的艱難。上述的三種態度就是這種意願的主要成分。

如果我們在思想的態度與思想的論理形式方法兩者之中只取其一的話，我們毫無疑問地選擇前者。然而幸運的是，我們不必要做這樣的取捨，個人的態度與論理的方法，並沒有什麼矛盾。在教育的目的上，我們須記住：抽象的論理原則和品性的特質，並沒有什麼分離，所需要的是將兩者組織成一個整體。

第三章
天賦知能與思考的培養

第一篇　思考的訓練基礎

　　我們前面討論了訓練思考的習慣所能得到的價值,及其發展上的障礙。可是沒有潛能,即沒有發展;沒有種子,即沒有生長。思考必須依靠固有的知能,不會自發地思考的動物,我們無從強授思考的能力。不過我們雖不能憑空學會思考,我們卻能學會思考的好方法,特別是怎樣獲得一般思考習慣的方法。這種習慣既然是從固有的傾向發展出來,便必須知道這些固有傾向的性質。否則不知因勢利導,便是在徒然浪費氣力和時間;更壞的是不知引導固有傾向的生長成熟,反而強制地形成不自然的習慣。

　　教學若用買賣來比喻,沒有人買,便沒有人能賣。世間沒有絕無顧客而自詡為善賣的商人。然而竟有絕不問學生學習了什麼而自詡為善教的教師。教學之值相等,正和買賣之值相等一樣。要增加學生的學習,只有增加教授的品質和數量。學習,要學生自己做,為自己而做,動力在於學生。教師是一個引導者,他掌著舵,學生們用力把船向前划去,教師越了解學生的過去經驗和現在興趣與希望,他越能了解所需引導的傾向。這些傾向的數目和品質,每個人都是不同的,不能一一列舉。但是每個常態的人必有幾種傾向,可以被善用、利導而發展成良好的思考習慣。

一　好奇

　　任何動物在醒著的時候,和它的環境有不斷的「互動作用」(interaction),這是一種取和予的作用,它對事物有所施為,也從事物有所接受(即印象、刺激)。這種互動作用構成經驗的間架。我們生來就有一種傾向,使我們避免遭受外來的有害勢力。但同時也有若干傾向,是向前向外伸張的,是常在尋求新的接觸的,常在發現新事物而嘗試改變舊事物的,是常在為經驗而要求經驗的豐滿,常在積極地擴大經驗限度的。這些傾向,總稱為好奇。詩人華茲華斯(Wordsworth)說:

「耳要聽;

目要視;

身體要感覺,

不管我們願意不願意。」

他的話尤其適用於兒童期。

　　我們在醒著的時候,一切感覺和動作的器官對於環境中的事物,有所施為,有所接受。對於許多成人來講,這樣的接觸是已經固定了,變成呆板了,他們的經驗有了窠臼且願意生活於這窠臼之中了。但是兒童的整個世界是簇新的,每

一次新的接觸，都想激動地去探求，不是消極地等待和接受。每一個常態的感覺和動作器官，都是敏銳的；並沒有一個所謂「好奇」的官能。每一個器官，都有動作的機會，都要有事物可與它產生互動作用。這些傾向的總和，便是好奇。它是經驗擴大的基因，是反省的思考發展的種子。

好奇的三級

1. 好奇的最初的表現，離思考是很遠的。它只是一種生命的盈益，一種「生物力」的流露而已。小孩感到一種生理的不安，就要伸手取物，要摸它，抓住它，觀察它。研究動物行為的人，也說動物都有一種「強烈的玩弄傾向」。霍布豪斯說：「鼠的奔竄、嗅、齧、挖，狗的搔和跳，貓的跑和抓，獺的亂竄，象的盲摸，猿的亂扯，都不是有所為的。」[06] 我們觀察嬰兒活動的時候，就發現他有不斷探查和實驗的動作。他對於事物口吮、指弄、手摩、拉和推、取和捨，一直到這些事物沒有什麼新感覺才停止。這種活動，不能說是理智的，但沒有了它們，則理智的活動沒有可以運用的材料，就薄弱而不能持續了。

2. 在「社會的」刺激勢力之下，好奇發展到較高的一級：小孩子學會語言而能探取別人的經驗。到這時，如果事

---

[06] 引霍布豪斯·L·T，*Mind in Evolution*，p. 195。

物不給他有興趣的反應，他便向別人去求得有興趣的材料，一個新時期到來了。兒童不論在什麼地方，都會發出「那是什麼？」「為什麼？」的問話。起初，這種發問也不過是以前對事物的拉和推、開和合的好奇，向社會關係的伸展。小孩子連續地問：「什麼支撐著屋子？」「什麼支撐著支撐這屋子的地？」「什麼支撐著地球？」他這樣發問並不代表他意識到合理的關係。他的「為什麼」不是對科學解釋的要求。背後的動機只是急切地要對於他所存在的神奇世界得到更多的認知。他所求的不是定律或原則，而只是更多的事實。雖然這種好問的習慣，有時流於一種語言病，而他的欲望卻也不限於積聚不相連繫的事實。他隱約地感覺到自己接觸到的事實，並不是事實的全部，後面總還有些什麼，前面還會有些什麼。而這種感覺，便是理智好奇的萌芽了。

3. 好奇轉變為對於人事接觸中所引起問題的解答興趣時，便超出「生物的」、「社會的」層級，而達到「理智的」一級了。在所謂社會的一級裡，小孩所感興趣的是問而不是答，答案他不是很注意，就是問，也沒有一個問題注意得長久；一個一個連續地很快地轉換，沒有一個是發展為連貫的思想；他的好奇就表現在那樣隨問隨答之中。教育者（無論教師或父母）的問題，就在於將生物性的試探，社會性的好問，引導到理智的發展上去。這個方

法在於給予較遠的目的，使小孩有尋找和穿插別的事物和觀念的需求。一個較遠的目的控制著探究和觀察的過程，約束著他們，使他們成為「達到目的的手段」(means to an end)，能夠到什麼程度，好奇便比照著這程度而具有確定的理智性。

好奇的消失

倘若好奇不能轉變到理智的一級，它便會萎縮或散發掉。培根說，我們只有變成小孩子一般，才能進入科學的王國，因為兒童期這種虛心的好奇和這種天賦很容易消失。人們知所以喪失好奇的傾向，或由於漠視或由於輕浮，即使不是因為這兩種原因，又會流於硬性的獨斷，獨斷又是同樣危害於好奇的。有人只循慣例，蹈常習故，使新問題、新事實無從產生。有人只謀私利，使所求的新問題、新事實不出於自己的職業以外。

更有許多人好奇的只是關於鄰里瑣事或別人的得失毀譽，以致「好奇」一語，俗人便用以指對人私事的窺探了。所以教師對於兒童的好奇，自己所要學的多，而所能教的少。他很難引發或增加這個好奇的傾向；他的責任只在於供給材料和情境，使生物性的試探漸匯入有目的、有結果且能增加知識的研究，使社會性的好問，漸變為向人探問，而不止於

第三章　天賦知能與思考的培養

問人事，且問到書籍上問題的能力。教師要預防沒有累積效果的新奇刺激，以免兒童只追求刺激，或對刺激也失興趣。他也要避免教學上的硬性獨斷，以免兒童得到一種錯誤印象，以為什麼問題都解決了，沒有什麼再需探究。當兒童的好奇形成了求知欲望時，他要知道怎樣授予知識；當兒童還缺乏發問的態度，知識過多壓抑了好奇的精神時，他也要知道怎樣將可以授予的知識暫且保藏起來。

二　暗示

■ 觀念自然地產生

　　許多小孩，嘗試著停止自己的「思想」，阻斷自己的觀念流動。但是這種簡單的、非控制的「思想」的必須產生和「身體在感覺，不管我們願意不願意」一樣。無論觀念或感覺，我們不能自己做主說要或不要。我們只能置身於（或被置於）某種情境，讓自己有「有價值的觀念或感覺」，讓這些觀念或感覺獲得有價值的結果，最終我們能憑藉它們而繼續發展，不致被它們刺激到疲睏。

■ 暗示是什麼

　　在它的原始的意義上，觀念是一種「暗示」（suggestions）。我們經驗裡的事物，每個都不是單獨孤立的。每個都帶來了別的事物或特質。不過一個事物占據著中心而特別明顯，其餘則或深或淺地漸漸模糊罷了。例如兒童正注意著一隻鳥，占著他意識的中心的，當然只有這一隻鳥，但實在的經驗卻包括以外許多的物和事。鳥必存在於一空間，在地上還是在樹枝上，鳥也必在做著一件什麼事，牠在飛、啄、

還是在叫。所以對於鳥的經驗,並不是一個單純的感覺,而是本身很複雜,也包括許多相關事物。

這能說明:為什麼兒童下次看見鳥的時候,他就會想到之前看不見的其他事物。他現在經驗的一部分,有像他過去經歷過的那部分,這樣一來便會引起或暗示過去全經驗中所有相關的物和事;而這被引起或暗示出來的物和事,又會暗示和它們有關的物和事,不但是「會」,而且是「必」會這樣,除非另一新事物,又引起了思考的另一條新線索。在這原始的意義上,觀念的產生,我們無從自主。就像我們睜開眼,就要看一樣,觀念來了,就要使我們過去的經驗產生作用,但這或許並不是現在的意志和意向。這樣的「思想」,與其說「我在想」,不如說「它在想」。只有到了一個人能夠控制暗示,到了他擔負起運用暗示推測未來責任的時候,提出「我」來才有意義,「我」才能當作思考的主體。

■ 暗示的三向度

每個人得到暗示的能力不同。暗示就像物體有長、寬、厚一樣,也有著三個「向度」(dimensions)。這三向度無論在自身上還是在組合上,都是因人而異的。這就是易和難(easy)、廣和狹(range)、深和淺(depth)。

（一）易和難

我們平常把人分為聰明和愚笨，其根據來自人們遇到事物所得暗示的易和難，快和慢。有些人遇到事物，只會被動地吸收或者機械地反應，事物也不再產生其他作用。有些人（聰明的人）便會反省，會對事物表達各種看法，而反應出來的這些看法增加了事物的意義。愚笨的人，要有強烈的震動，才會得到暗示；聰明的人則敏捷機警，容易從現在事物得到將來結局的暗示。

然而教師不應當以兒童對於教科書的反應遲緩作為愚笨。在功課上稱為「沒有希望的」學生，一旦遇到他認為有價值的事情，如課外運動或社交一類的事，他會很敏捷地反應。就是功課也能夠激勵他，只要教材放在另一關係上，用另一方法來提示。在幾何學很遲鈍的學生，假如在手工的關係上學習幾何，便很靈敏；在歷史上很遲笨的女子，遇到自己所認識或小說裡描寫的人物事蹟，也很會判斷。除了生理缺陷或健康損礙以外，在一切方面都遲笨的人是比較少見的。反應遲緩不一定是愚笨；有思想的人，要有時間給他去想。

（二）廣和狹

不管人們對於事物反應的易和難，快和慢，暗示還有一個廣和狹或多和少的分別。平常所謂「思如泉湧」，或者說思想枯竭，便是指著這種分別。有的時候，外表的反應遲緩，

由於意思的太多而互相牽制,以致造成一種猶豫的狀態;反之思想過於敏捷者,也會「先入為主」,阻礙思想的發展。暗示太狹太少,表示一個乾枯貧薄的思考習慣,這種習慣和勤學再聯結了起來,便成了一個學究。學究的思想是乾癟的,他的知識是煩瑣的;他和一個圓融的,成熟像新鮮多汁的水果般的思想家不同。

只考慮少數意思就確定了結論,這結論在形式上或許是對的,但沒有考慮很廣很多的暗示而獲得結論那樣有充分豐滿的意義。反之,暗示太多太雜,也會妨害最好的思考習慣的養成。思緒紛繁,而無從抉擇;仔細查看,而莫知適從;正反兩面的意思,循環起伏,無論在行動上還是在理論上,都不容易得到一個結論。這樣「想得太多」,意思太複雜,就使行動受了牽制。而且,暗示太多也會使它們的論理關係變得混亂,使一個人只以事實構成可喜的幻想自娛,逃避了尋求事實關係的困難工作。所以最好的思考習慣,在於維持暗示的廣狹和繁簡的平衡。

(三) 深和淺

除了反應的難易、廣狹外,我們也從反應的特徵上,分別它的深淺。

一個人思想深沉,另一個人思想淺率;一個人會探索事物的根源,另一個人卻只會看到它的外表。在這方面,思考

第一篇　思考的訓練基礎

是最難靠學習而得到進步的。不過教材之於學生，在某種狀況下能迫使他去深思，而在別的狀況下，只讓他淺嘗而已。通常的假定，以為只要學生思想，便什麼思想都有訓練上的價值；又或以為只要學生積聚知識，便達到了學習的目標；這兩種假定，都會助長淺薄的思想。有些學生在實際事務上能夠敏銳地辨別本末輕重，但是一旦遇到學校的功課，便分辨不出事實的輕重真偽，把所學的視為沒有輕重真偽之分。即使有理智的努力，他們的努力也只用於語言文字連繫的構成上，而不用於事物的辨別上。

有時，反應的深與慢，有密切的連繫。要融合許多印象而轉化為明白的觀念，不能沒有時間。敏捷，或者只是曇花一現；「慢而穩」才能使印象較為沉著，思考較為深澈。許多兒童，因為對答得慢，便被指為遲鈍，其實他們是在集合所有的能力應付這個問題。在這種地方，不給予充分的時間，徒然助長了粗率浮淺的思考的習慣。問題感覺得深，思考才能滲透得切。任何教學，僅為報表記憶、誇示嫻熟、獎勵學生，而把問題輕輕掠過，不去深刻思考的都違反了真正的思考訓練的方法。

我們都讀過許多名人的傳記，他們往往在童年學校生活中被視為愚笨，到成年卻成就了偉大的功績。對於他們童年的錯誤判斷，有時由於他們所表現的能力，不符合當時所認的標準。如達爾文（Darwin）對蟲、蛇、水蛙的興趣；有時由

於他們思考的程度，比別的學生（或教師）還深。在對答敏捷上頭，並不能表現其能力；有時也由於他們思考的習慣，正和課本和教師所採的習慣相衝突，而人們只用後者的標準來衡量他們。

■ 思考是個別的 —— 任何學科可成為理智的

無論怎樣，教師要先去掉一個錯誤觀念，即把思考當作一種單獨的，不可變的「官能」。他要知道思考表示個人對事物取得意義的各種不同的樣子。教師也要去掉另一個錯誤觀念，即把某種學科當作是理智的且有訓練思想的幻力。他得知道，思考是「個別的」（specific）；它不是一架現成配合於各科的機器，像一盞普照一切的明燈。它是個別的，那就是說，每個事物暗示它們獨有的意義，而暗示於每個人又有不同的樣子。就像身體的生長依賴於食物的消化，心智的生長也需要知識的組織。思考不是一架機器，會把各種材料照一個模型製成一種商品。它是一種能力，會把個別的事物所引起的個別的暗示，探索到底而連繫起來。因此，任何學科，從希臘文到烹飪，從圖畫到數學，都可以成為理智的；並不是在固定的內部結構上，而是在它的引起思考的功用上是理智的。一個人可用幾何學訓練他的思考，另一個人盡可用科學、實驗、音樂或商業訓練他的思考。

三　秩序

■ 反省的思考含有暗示的連貫或秩序

單有觀念或暗示的發生，雖是思考，但不是反省的思考，不是引導到一個有證據而可確信結論的一種思考。觀念沒有連續的秩序，便是胡思亂想。暗示要轉變為反省還需另一種特質──連貫性。本來沒有「觀念的相連」（association of ideas）就沒有思考，可是觀念的相連並不能構成反省。唯有控制了觀念的相連，把一個秩序從以前的觀念引導到以後的結論，這才是反省的思考。所謂「理智的力量」就指觀念的秩序形成了可靠的信念的力量。

我們把暗示的「易」、「廣」、「深」三個因素平衡起來，調整得當，就得到了思考的秩序。太遲緩和太輕率不合適，太廣泛和太狹窄也都不好。思考的連貫或秩序在材料的豐盈靈活中，有方向的單一和確定。一方面不是機械的整齊，一方面也絕不是斷續的蚱蜢似的跳動。有一種聰明的兒童，反應真的非常快，很多教師們常說，「只要他們定性下來，什麼事他們都能做。」但不幸，他們可能就是定不下來。

另一方面，思想的連貫不止於不分歧，呆板的一貫並不

是我們的理想。思想集中,不是固定或暗示的停頓萎縮,它是豐富靈活的觀念,向著一個結論而組成的一個持續的活動。我們集中我們的思想,像將領指揮他的軍隊作戰一樣,不是要它們靜止不動,而是要它們向著一個目標去動。也好像駕駛船隻一樣,船的位置常在變動,而方向卻只有一個。一貫的、有秩序的思考是要在同一個方向上的變動。所以連貫不只是沒有矛盾,集中也不只是沒有分歧。各種繁複的和不調和的觀念都可以自然發展,只要每一個觀念與要達到的總結果相連繫,那思考便是一貫的,有秩序的。

思想的秩序是行動的秩序的間接伴隨

大多數人的思想都在有秩序地發展,依靠的主要資源是間接的,而非直接的。理智的組織是從達到目的的行動組織中發起的,並且在一個時期內,是伴隨著發展的。達到思考以外的目的而引起思考的必要,比專為思考而思考有力得多。由於行動的秩序而達到思想的秩序,所有人在起初都是如此;而多數人是終生皆如此。成年人平常都有一種職業,就是他們的知識、信念、思想環繞著組織起來的中心。凡有關於職業效能的觀察,是漸漸擴充而求得正確的;凡有相關的知識,不僅是累積,而且是分類收藏的。他們思考推論不是為玄想的動機,而是因為職務上有效的行動所必需的。所

以他們的推論，常受事實結果的試驗：無效的、散漫的方法自然會減少；有秩序的行動因報酬而自然增加。事實結果本是思考想要得到的，但也是思考的永恆的束縛。除了科學的專家以外，一般人的思想秩序就受著行動效率的束縛——當然這是指智慧而非機械的行動。

兒童的特殊困難和機會

　　成人生活裡訓練思想的這一力量，在青年的思想訓練中，也是不容輕視的。從很小的年齡起，兒童要選擇動作和事物，作為達到目的的手段。有選擇，就有整理和適應，這些又都需要判斷。適宜的生活情境，無意地造成了適宜於思考的態度。可是從他們活動的組織性上看，兒童和成人有很大的不同，這個差別在教育的應用上需要慎重考慮。(1)成人活動結果的必要，比兒童迫切得多，所以在他的思考訓練上更加有效；(2)成人活動比兒童活動專一得多。

1. 兒童活動的選擇和舉行比起成人來困難很多。成人活動的大部分受到生活情境的限制，他的社會地位——公民、父母、職業等規定了他動作的範圍，幾乎是必然地取得了相關的思想方法。至於兒童就沒有這樣地位、職業的束縛。他沒有什麼可以確定他動作的選擇；別人的欲求、自己的好惡、周圍的情境都只引起一種孤立而暫

時的活動而已。這種持續的動機的缺乏，加上兒童內在的可型性的豐富，一方面加重了教育上訓練的責任，一方面也增大了選擇適當活動的困難。這種選擇會聽命於獨斷的因素、學校的成規、教育上的時髦，社會裡的各種錯綜的趨向，等到結果不滿意的時候，便來一個反動，又排斥任何兒童的活動，最終仍舊回到書本的功課上去。

2. 但就是這一困難也指出在兒童生活裡，要選擇含有教育價值的活動機會也比成人生活裡多得多。多數的成人受外界情境的迫壓，職業活動中教育的價值——即對於智慧和品性上的影響——即使是真切的，也不過是偶然，而常是意外的兒童和青年的問題，是怎樣選擇有秩序、有價值的活動，使得這些活動雖同時是成年生活的預備，而其自身對於思考習慣的養成上有影響。

教育上關於活動的極端意見

教育的方法在兒童活動這一問題上常在兩極端之間擺動。

一個極端是完全忽視活動。其理由是兒童活動是無秩序、無定向的娛樂，只訴諸不成熟的好尚和偶然的任性；即使不是這樣，那也不過就是成人生活裡職業化活動的模仿。

學校假如容許這種活動，不會被說是調劑理智工作疲勞的必要，會被批評是因為受到外界功利主義的影響。

另一個極端是完全信仰活動。把活動當作有神祕的教育效力，什麼活動都好，只要不是靜止的書本材料的吸收。凡遊戲、表現、自然生長等概念都能說明任何自發的活動一定有思考訓練的價值。

■ 什麼是有價值的活動

在這徘徊兩端之中，最嚴重的一個問題倒被忽略了，這問題是：怎樣發現和組織有價值的活動。有價值的活動是：(1)最適合於兒童發展階段的；(2)最能為成人社會責任的預備的；(3)最有利於靈敏觀察和連貫思考習慣養成的。活動的秩序，雖然本身不是理智的，卻與思想的秩序有關係。

四　教育上的結論

　　希臘最偉大的哲人說「驚疑」（wonder）是一切科學哲學的創造者。好奇不等於驚疑，但好奇達到了理智的程度，那就是驚疑了。驚疑的仇敵是外部的動作整齊，和內部的思想機械。刺激驚疑的，是新奇，是意外。大家知道動的事物比靜止的事物更易引起注視；身體的活動的部分比固定的部分更敏於感覺的辨別。可是奉了紀律和秩序之名，學校的狀況，卻力求其單調一致，課桌課椅是排列固定的；學生是受軍事管理的；讀教科書而不許有課外讀物的，除了教科書上的資料，其他都是不許討論的；教學方法上的秩序，也是不許有新奇和變化的。在較優良的學校裡，情形或不至於這樣。但以機械的習慣和行為的整齊為理想的學校，實在不會有刺激驚疑而培養它活力的機會。

　　對於這種機械的教育辦法的反動，只是一個反動。這就把新奇當作自身的目的，而不知新奇僅是觀察思考的刺激而已。這就將變化弄成零亂，反而妨礙連貫性的思考了。為了秩序和外部的整齊劃一連繫起來，就連有效的行動所需的秩序也忽視了。而且學校中多數活動時間太短，不夠讓連貫的觀念徐徐發展；也就不夠引起反省的思考。說到要記憶事實的正確，便徒然使節目繁多，綱領又失掉了。說到要獲得知

識的豐富，便誤以為是零亂堆積，融會貫通又沒有了。我們有一句老話，真正的藝術必定有「變化中的統一」(unity in variety)。教學的藝術，何嘗不應該如此呢？我們只要回憶到那些遺留下永久理智的教師，便知道這些人儘管違背了教學法上若干固定規則，而在他們的教學中，看起來像是超出範圍的閒談，卻始終保持思想的一貫，這些人雖然以新奇、變化刺激活躍的注意，但其實是利用新奇和變化來發展和豐富他們的主要題目。

第四章
校園情境中的思考訓練

第一篇　思考的訓練基礎

一　引論方法與情境

■ 形式訓練對實在思考

所謂「官能心理學」（faculty psychology）與教育上的「形式訓練說」（formal discipline）是相攜並進的。如果思考是心智機構的一個零件，與觀察、記憶、想像、判斷等是分開的，那麼，思考當然可以特殊訓練，和肌肉一樣可以用特殊訓練來練成了。於是某些學科被當作自身是理智的、論理的，最宜於發展思考能力的，正和某些器械最宜於發展腕力一樣與以上三個觀念平行的，還有第四個觀念，即把方法當作是發動思考機構，讓它變成對任何教材工作的一套法則。

前面的章節裡，我們已說明，沒有一個單獨整齊的思考能力，只有個別事物（觀察記憶，聽到，看到的事物）所引起與問題相關而能得到結論的許多不同的樣子。所謂訓練思考，不外乎發展好奇、暗示和探索試證的習慣，以增加對於問題的銳感和探究其所未知的愛好；以增加所起暗示的恰當，而控制它的連貫；以增加所觀察的事實，所運用的暗示的感覺。思考不是一個孤立的心理過程，它只是觀察事物、使用暗示以及使它連貫的一種方法。因此，任何學科、材料、問

題都是理智的,並非它們本身含有什麼理智,而是因為它們在引導思考的作用上是理智的。

■ 思想的訓練是間接的

因為這些理由,養成反省的思考習慣的方法,在於怎樣供給可以引起好奇的情境,怎樣構成經驗中事物的連繫,以增加暗示的流暢;怎樣設定問題和目的,以取得觀念的連貫。這些題目以後還要詳論,而現在學校的情境不符合這種條件,可以先舉一二例來指明。遇到兒童提問的時候,教師常叫他噤聲不言,兒童的探索和找尋被認為不方便,被討厭。不指導兒童連繫得到的經驗事實,卻只教他記憶單軌的文字連繫;不創造一種「設計」來「強迫」兒童去做、去想。從一件事的做成,引起新的問題,暗示新的設計,而只供給固定的教材。只要這種錯誤的情境存在著,即使教師創造出訓練思考的特殊方法或練習來,也必歸於失敗。思考的訓練,只有在引起思考的原因控制上得到成功。

教師對於訓練思考,有兩方面的問題:(1)他應當先研究兒童的特質和習慣的問題(如前章所說);(2)他應當研究指引兒童能力表現的情境。教師「自己所要學的多而所能教的少」,他應當知道,所謂方法不只包含他所能編造的特殊練習,而在於他無意間所做的一切,學校的「空氣」和情境,與

第一篇　思考的訓練基礎

兒童好奇、暗示以及秩序的活動都有關係，都是方法。如果已經了解兒童的心智作用和學校情境作用的關係，那麼我們盡可以信任他去選取狹義的任何教學方法，任何最適於學習法律、地理、數學等科的方法。如果還是不懂上述的兩個問題，那麼即使有最好的機械方法，也不過只有目前的效果，這樣犧牲了更深更久的思考習慣。

▌普通和個別的情境

教師常有一種問題，即專注於兒童所習的個別功課。他只問學生在算術、歷史、地理等學科上得到了多少進步。這樣一來，更深更久的習慣、態度、興趣的養成反被忽視了。這個事實的另一面是：教師專注於影響個別功課的學校情境，凡影響永久的態度，尤其是品性特質（如前所舉的虛心、全心、責任心）的普通情境反而忽略了。本章先說一說這些影響思考習慣發展的普通情境。

二　他人習慣的影響

只要知道人類本性中的模仿傾向，便知他人的心智習慣怎樣影響一個受教育者的心智習慣。「身教」從來比「言教」有效，教授訓導的方法，儘管有在專業技術上看來是錯誤的，卻因教師個人特質的感動，用起來很有效。

■ 教師是思考反應的刺激

把教育者（不論父母或教師）的影響局限於所謂兒童的模仿，是一種很膚淺的看法。所謂模仿者，只是另一個較深的原則——刺激反應的原則。教師無論做什麼，無論怎樣做都會引起兒童的反應，而每一反應都影響兒童以後的態度。即使兒童的反應是一個「不注意」，那「不注意」也是無意中訓練的結果。有一個四五歲的小孩子，幾次被母親叫喚回到屋子裡去，但是不應。問他，聽見母親的叫喚了沒有。他很審慎地答：「『喚』，聽見了，但她沒有發瘋地『叫』。」教師並不全是兒童了解功課的一個媒介，他自己人格的影響和功課的影響互動融和，對於兒童來講，兩者分不開的。兒童對功課或向或背的反應中，經常有自己意識不到的好惡愛憎摻雜在其中，不僅僅是對教師的動作，也對他所教的功課。

第一篇　思考的訓練基礎

　　教師這種對於兒童的道德、禮貌、品性、語言、交際、習慣的影響程度是大家承認的。只因把思考當作一個分立的官能，遂使教師竟忘卻自己的這種影響。在兒童的理智上，也一樣實在而深徹，以致對於功課只注意以下幾個要點：

(一) 以己度人

　　多數人不明白自己心智習慣的特質，假定他無意以此標準度量他人。例如有人思想中有一種「數目格式」（number-form），把數目字的系列，伸展於空間，排列成了格式。問他為什麼沒有說起這特質，他答，這是用不著說的，還不是每個人都有這種習慣。因此，學生符合於教師的態度的，便受獎勉；其不合的，便遭忽視或誤解。理論學科之所以比實用學科視為更有思考訓練的價值一部分，也就是因為在教育的職業中，只獎勵有理論興趣的人而摒棄有實務才能的人。依這標準所選擇出來的教師，又以己度人，再以這標準來評判兒童和學科，於是只鼓勵片面的理智興趣，而壓抑實際才能的發展了。

(二) 過重自己影響

　　這點在優良教師尤甚，他只靠自己的才能以引起兒童的努力，這樣個人影響就代替了功課自身的動機。在他的經驗中，覺得有時功課不能引起注意時，他自己的人格卻常有神

效；他就漸漸地利用自己的才能，直至教師與兒童的關係，代替了兒童與功課的關係。這樣他的人格，反而變成兒童依賴和薄弱無能的一個原因，反而使兒童漠視教材自身價值的一個原因。

(三) 滿足教師而非滿足問題

教師思考的習慣，會使兒童學習他自己的特質，而不學習他所教的功課。學生只圖滿足教師的要求，而不務教材裡問題的探究。「這答案對不對？」其意義成了「這答案會使教師喜歡不喜歡」而不是「這答案能不能滿足問題內含的條件」。兒童在學校裡觀察人類本性而熟悉人情，原不算沒有價值，但如其他的問題，是在於如何使教師滿足；他的成績，是對別人的標準適應，這顯然要不得了。

三　課程的性質的影響

照一般習慣學科分為三類：(1)技能學科──如讀、寫、算、唱歌等；(2)知識學科──如歷史、地理等；(3)思考訓練學科──這裡技能和知識的獲得都不注重，特別注重抽象的思考，如數學、文法等。每一類，都有它特殊的陷阱。

■ 訓練學科易於失卻實際的接觸

在所謂訓練或論理的學科上，有理智活動與實際生活分離的危險。教師和學生，都會有趨於分離的看法。結果把抽象的、理智的當作超然的、不可應用的、沒有實物和道德上的關係的。專業的學者一離開自己專攻的學科，容易亂發議論，妄作判斷；對於實際事務得不到正確的結論；對於自己的專業常會有誇大的看法，這些都展現了學問與生活分離的弊害。

■ 技能學科易於變成機械

技能學科的危險與之前提到的相反。在這裡，學生只要以最快捷的方式，得到固定的結果。這樣就使課程變成機械

的，限制了理智的能力。讀、寫、圖畫、儀器實驗這些學科裡，需要的是時間與材料的經濟以及明淨準確、敏捷整齊，這些需要是這樣地急迫，管不得對於一般心智的影響如何，而自身變成了目的。單純的模仿、呆板的方法指定、機械性的熟練可以很快獲得效果，而這種效果，給反省的思考帶來了莫大的危害。只告訴學生做這樣那樣的事，而不讓他們知道獲得最終效果以外，還有什麼理由；只指出學生的錯誤讓他改正；只用單純的反覆練習，以致習慣變成機械性的自動。這樣教下去，就會發現學生只會讀書沒有領悟了，只會計算而沒有對於問題的理解。在若干教育信條和方法中，心智訓練的理論與不用心智的實習，是始終含混而沒有分得清的。這種方法，把人和別的動物看成一樣來訓練。不知道技能的獲得，既然沒有智慧的參與，則所有技能、技術是不能夠智慧地運用的。

知識學科不能發展智慧

知識和智慧的錯誤對立在高等教育這個階段尤其顯著。一派人以知識為先，否則思考沒有它的依據；另一派人覺得思考的發展最重要，除專家及研究員以外，知識自身不是一個目的。其實我們所求的是在一種情境中，使知識或技能的增加（即同時有思考和智慧的發展）。知識不就是智慧這句老話，是常值得複述的。知識是材料的累積，而智慧是能夠引

第一篇　思考的訓練基礎

導能力，並且能在生活改進的知識。單純的知識並不包含特殊的理智訓練，而智慧則是理智訓練的最寶貴的效果。在學校中，知識的獲得常與智慧的發展背道而馳。其目的，似乎把學生變成了一部「無用知識的百科全書」，第一是要知識，其次才輪到思考的培養。

　　思考當然不能在真空裡進行，沒有知識也不會有暗示和推論。可是把知識本身當作目的，或把知識當作是思考訓練的一個部分，其間就有天淵之別了。離開了在解答問題上的應用，專為知識而累積知識，以為如此所得的知識以後可以在思考上自由地應用，這完全是一個錯誤。智慧所能用的技能，是憑智慧所得的技能，思考所能用的知識，是在思考中所得的知識。往往有書本學問不多的人，卻能充分運用他所有的一點學問，只是因為這學問他自己是從實際情境的需求上得來。至於學問淵博的人反被學問淹沒，這是因為他這些知識是靠記憶而非靠思考得來的。

四　流行目的的影響

　　目的和理想，不能與前述各點完全分開；機械的技能熟練、抽象的知識增加，是目前學校裡流行的教育理想，可是我們還可以辨別出若干趨勢，例如只從表面結果上評制教育，而不顧及態度習慣的發展。單以「結果」（product）為理想，而不顧及達到結果的「過程」（process），這在教學和訓育上都表現出來了。

■ 表面結果的抬高

（一）在教學上

　　表面結果的注重，表現在對兒童「答得對」的注重。教師的心裡，只是要求學生背會，然後作答正確，這對於教師在思考訓練的注意是最有害的。這一目的抬得這樣高（不論有意無意），會使心智的訓練變得偶然而次要。這個目的為什麼這樣流行，我們不難了解，一則教師所應付的兒童人數多；二則家長和行政當局對於迅速而有形成績的要求（其對教師的要求，只是他對於教材的知識，而不是他對於兒童的了解；教材的知識，也不過是規定的，易於熟悉的部分。至於以培養學生的理智態度和方法為標準的教育，便不如此。那種教

育，要求教師自己的準備訓練也很嚴格。因為它要求教師對於兒童心智的作用有同情且智慧的了解，又要求他對教材嫻熟，使他在需要什麼時便能選擇什麼，運用什麼）；三則表面的結果，便於學校行政的措施，如考試、記分、排名、更新之類的事務。

(二) 在訓育上

表面結果的抬高，對於兒童的德行也有很大的影響。對於成訓成規的順從，是最容易也是最機械的行為的標準。獨斷的教訓、傳統的習慣、有權力者的命令在道德訓練中應占多少地位，這不是我們現在所要討論的問題。不過德行的問題是生活問題中最深刻最普遍的一個，即使這些態度和道德問題一點直接的關係也沒有，對這個問題的態度自然也會影響到別的心智態度。說實在的，一個人的最深刻的心智態度，是他對道德問題的態度來決定的。如果在最重要的道德問題上，思考的功用降至最低的限度，而還要希望在次要的事情上，思考會產生什麼功用，那是不合理的。從另一個方面來看，在道德問題上有積極思考選擇的習慣，也便是在一般問題上能夠運用思考的最好的保證了。

第四章　校園情境中的思考訓練

■ 思考有沒有訓練的轉移

上面所說的一點引起了一個問題，即我們既然否定了官能心理學而不認特殊的思考能力可以用特殊的形式練習來訓練，是不是我們同時否定了思考訓練的可能呢？這個問題一部分的答覆在於思考性質的概念（即思考不是官能而是材料與活動的組織），以及思考與客觀情境的關係。但這問題的另一方面，在於所謂「轉移」（transfer）的解釋在一種情境或一項學科上所得的思考能力，用到另外一種情境或另外一項學科，是不是同樣有效？一個科學專家對於實際事務會像孩童一樣，他對於政治宗教問題的討論，會違反自己科學上謹守的一切方法原則，從這上面看，轉移是不一定有的。

現在大家承認：轉移要有共同元素為基礎。那是說，技能或理解從一種經驗轉移到另一種經驗，依賴於這兩種經驗中有共同元素的存在。舉一個最簡單的例子，是小孩的語言觀念的引申。一個小孩對於四腳動物的經驗，限於一隻狗，看見了任何四足獸，大小和狗相似的，都叫牠是「狗」。從一種經驗過渡到另一種共同元素是一個橋梁。思考（我們以後要詳論的）正是這共同元素的意識掌握。所以，思考是增益可以轉移的元素，而轉移對思考是有益的。當然前提是我們掌握住共同的元素，否則任何轉移都只是盲目的、偶然的。因此對於一般思考訓練之不可能說的第一答覆是：思考正是

075

使轉移可能而給予轉移控制的一個因子。

　　學科愈專門，供給思考的共同元素愈少。任何學科的專門性，我們可以用這一點來測驗：它與日常經驗缺乏共同元素，與日常經驗隔離到多少程度？一個初學代數和物理的人，凡「指數」、「原子」等觀念都是專業的。他感覺不到這些名詞和日常經驗中的事物、動作有什麼關係，似乎和他的學校經驗中的其他材料，也不見得有什麼關係。但在成熟的科學家看來，這些名詞，便沒有這麼多的專業性，因為在他的科學研究經驗中，這些是普通的觀念。人們的童年經驗以及除專業學問外，一切經驗大部分的共同元素是「人」，是人與人的關係上的元素。小孩子視為最重要的事情，是他和父母兄弟姐妹的關係。和與這些關係相連繫的元素，不斷地在他所有的經驗裡出現。這些元素融合了他大部分的經驗，且供給他經驗包含的所有意義。所以人的社會的元素是可以轉移，而且最容易轉移的。它們給的材料是最適宜於一般思考能力的發展的。小學教育，在發展思考上存在弊病的一個原因是兒童到學校裡來，他的生活經驗突然中斷了，學校經驗與他以前那樣滲透著人的關係的家庭經驗之間，劃著一條鴻溝，這使學校教育變成了「專門的」，而因為學校經驗和早期經驗沒有共同的元素，兒童的思考也就無從培養了。

第二篇
探索思考的邏輯

第二篇　探索思考的邏輯

第五章
反思的過程與成果

一　形式的思想與實在的思考

■ 教科書上所謂論理

一翻開一本論理學的教科書，你便看到「名詞」的分類，如普通的、特殊的、外延的和內含的；「命題」的分類，如肯定的和否定的，全稱的和特稱的，以及「三段論式」，如：「凡人皆有死；蘇格拉底是人；故蘇格拉底有死。」這種形式的推論的一大特點，在於其中個別的名詞可以去掉，而成為一個空白的格式，隨便填充。上述的三段論式，便可以成為這樣：凡 M 是 P；凡 S 是 M；故凡 S 是 P。在這公式裡，S 是結論中的「主詞」，P 是「賓詞」，而 M 是「中名詞」。中名詞出現於兩個前提內，而為 S 和 P 的連環，S 和 P 是論理上不連繫的，卻由它而得到了統一。它是結論「S 是 P」的一個根據。在無效的推論中，中名詞不能將結論裡的主詞賓詞緊密而完全地連繫起來。這種三段論式的有效無效，可以列舉許多規則來確定。

■ 實在的思考如何和形式的論理不同

至於我們心裡的實在的思考和這形式的推論，有重大的區別：

第五章　反思的過程與成果

　　(1)形式論理的內容，是絕對不涉人的，幾乎和代數公式是一樣。這種形式是超然於思想者的態度、欲望或意願之外的。可是任何人的實在的思考，如我們以前所說過的，依靠著他的習慣。他有細心、透澈等的態度，那他的思考是好的；如其他是心粗、氣浮、怠惰與自私，則他的思想是不好的。

　　(2)論理的形式，是永恆不變的，不因所用的內容而異；正和二加二等於四一樣，是沒有變化的。而實在的思考，卻是一個過程，它發生前進，它是在繼續變動之中；它步步要應付事實的內容；一部分材料引起了問題和困難，另一部分材料就指出問題和困難的解決方法。

　　(3)論理的形式，是不管事實的背景的，因為它是含納任何內容的。而實在的思考，卻常常要參照著背景，它本來是從思考自身以外的不安定的情境而發生的。我們可以將前引關於蘇格拉底的死的三段論式，來和他受審判時，他的門徒盼望著他健在的心情比一比。

■ 論理的結果和心理的過程

　　從這些對比上，思想可以用兩個不同的觀點去看，這見於本章的標題。我們稱之為結果和過程，論理的形式和心理的過程，也可以稱為歷史的和現實的形式是永恆，而過程是有時間的。

081

第二篇　探索思考的邏輯

我們在教育上所關心的，主要的是每個人的實在思考。我們要養成適於有效思考的態度；也要選擇組織許多課程和活動，以養成這些態度。

然而這不是說，形式的論理在教育上一點沒用處。如其安處在它正當的地位中，它也有它的價值。這地位便是所謂「結果」。它能把實在的思考的結果排列成一種形式，而判斷它的正確與否。譬如來說，論理的形式好比是一張地圖，實在的思考好比是由地圖所製成的測量和探險。前者是結果，後者是過程。雖然沒有測量，沒有探險，地圖不會存在，而地圖在製成以後，盡可以不提那測量探險的經過而自由地使用。你看著一張美國地圖，而要去使用它，用不著想到哥倫布、尚普蘭、羅伊斯、克拉克以及無數探險家的試探和艱苦。

這地圖擺在你的面前，它是任何人可以照著去遊歷的形式。如其使用得好，它是你的行程的稽核，你的動作的引導。但它並不告訴你到哪裡去；你自己的意願和計畫，決定你的目標；你自己的過去，決定你現在在什麼地方，而從什麼地方出發。

▌論理的形式不用於實在的思考，
　　而只用以表述思考的結果

論理學教科書中的論理形式，並不自命能告知我們怎樣思考或應當怎樣思考。沒有人依著三段論式而得到蘇格拉底

第五章　反思的過程與成果

會死，或任何人都會死的這一觀念。倘使已經從蒐集和解釋證據而得到了這凡人皆有死的觀念，而願意向人說明信念的根據，則可以使用這三段論式；如其要說明的簡括，則必會使用這三段論式。例如一個律師，預先知道要證明的是什麼，已經構成了他的結論，而願意歆動別人的聽聞時，他會把他的推論列成這種形式。

總之，這些形式，不用於結論（信念與知識）的獲得，而只用以表述已得的結論，而向人（或向己，如其願意回憶）說明這結論的理由。或許在獲得結論的實在的思考中，充滿了錯誤的觀察和暗示，無用的設計和行動。正因為不知道問題的答案，必須向前摸索，而且在暗中摸索。剛開始的設計，後來最終放棄。這種真理的探求，和那真理的已經獲得一比，它的思考情形是根本不同的。

所以既得結論的論理的形式，不能規定在疑難和探究中取得結論的方法。不過在反省過程之中，也常有區域性結論的出現，常有暫時停留的驛場，這是以前思考的終點，也是以後思考的起點。結論不能一蹴而就。到了每一驛站，最好把以前的經過複核一番，看一看和要達到的目標，有多少關聯，有怎樣的關係。這樣，前提和結論在彼此確定的關係上同時制定，而所謂論理的形式便是這種制定了。

第二篇　探索思考的邏輯

▍實在的思考有它自己的論理 ——
　它是秩序的合理反省

　　反省思考中的過程和結果是沒有固定，絕對分剖的。我們稱過程為心理的，稱結果為論理的，我們的意思也不是說，只有結果才算論理，而一步一步進行，步步包含個人目的的活動，便不是論理。我們所辨別的是結果，是論理的形式，而過程是論理的方法。

　　我們所說歷史的論理，便指事態向一個結束的頂點的循序發展。我們說一個人語言行動沒有論理，不是指他的語言行動不合三段論式，而是指他的語言行動沒有連貫，沒有秩序，他的手段不能達到他的目的。在這些地方，「論理的」等於說「合理的」。沒有論理的人，是無目的地游移，不自覺地離開他的題目；不但一步便跳到了結論（這我們大家在某步上也必是如此），而且毫不覆核它經過的步驟，看一看證據是怎樣。他不自知地陷於說明上的矛盾和謬誤。

　　一個思想合於論理的人，在思考的每一步是細心的，他要把握著他的證據，得到結論以後，他不厭煩地拿來和證據相核對。總之「論理的」是指思考的過程是「反省的」；是辨別反省的思考於其他所謂思想的。拙工製器，關節不準且邊緣不勻；巧匠做起來，卻省時省料，堅牢乾淨。這就像我們在思考上的分別。

第五章　反思的過程與成果

　　一個「有思想」的人,不是沉溺於隨便什麼思想。真有思想必是合於論理的。有思想的人不輕浮,而且很仔細不盲動、很謹慎。他要權衡、審度、估量（這些字都指對於證據的比較）,再則他要考察檢討,換言之,他絕不照表面價值去接受任何觀察,他要探索這觀察有沒有事實的證據。牛奶冒充乳酪,野菌看似香菇,我們在這些地方很少接受感覺所僅有的證據。太陽不繞著地球,月兒也沒有盈縮,有論理的人是必須檢查可靠的證據的。最後,他要計算核對。Reason（理性）和 ratio（比例）在語根上是相連的,背後是關係準確的意思。反省的思考要探查關係,它不以任何常見的關係為滿足,而要找出情境所許可的最精確的決定關係。

■ 總結

　　因此,所謂「心理的」和「論理的」不是對立的,只要思考是反省的,它總是靈敏縝密,透澈確定而準確的,那它也就是論理的了。我們把「論理的」和「心理的」分開只是用這「論理的」來表示一個思考過程所得的結果的形式的排列,這種排列,簡括地表述著結論,而顯出它確實的證據。散漫的思想,其結果是落空的,要證明的是什麼也是模糊的。真正反省的思考,卻必定要歸到一個結果,把這結果明確地表述了出來,便成為結論。反省的思考也必定要檢查結論;所根

據的材料,把這表述出來,便成為前提,例如幾何學上的推論,每一命題,末了必有一個結論;如其學習幾何者,不只記憶而能夠了解,那麼,便會掌握著所經證明的結論,也知道它證明的過程。

二　教育與形式的關係

■ 學習是學習思考

從上面的討論，我們明白：教育在理智方面，最緊要的，是要培養反省的思考的態度，保持所已得的，也改變散漫的使成為緊密的思考方法。當然教育並不限於理智一個方面，它也要訓練實用效能，培養優良品性，增高美術欣賞。可是在這一切事情上，至少有一個意義的元素，亦即一個思想的元素。否則實用變為機械，道德流於獨斷，而欣賞只是感情衝動了。本書以下限於教育的理智方面的討論。我們鄭重地說：教育在理智方面的任務，在於培養靈敏縝密而透澈的思考習慣。

當然，理智的學習，也包括知識的增加和保持。然而沒有理解，則知識徒然成了不消化的積滯。什麼叫做理解？這就是知識和各個部分，在它們相互的連繫上的獲得和掌握。而這結果便非對於知識有過反省的思考不能得到了。文字的機械記憶與理解記憶，完全不同；後者能夠保持知識的關係，所以能夠運用知識於新的情境中，而前者完全不能夠。

所謂心理的思考，是一個實在的過程。它有時是凌亂

的，也有時只是幻想。若使它常不過是這樣，則不但思考沒有價值，連生活也難於維持。如其思想不和實在情境產生關係，如其不合理地從這些情境進行到所要求得的結果，則我們將永遠不會發明，不會計劃，永遠不會解除什麼困難。我們已經注意過了，思考的合理性，由於它內在的元素，也由於外界情境的必要。

思考的過程和結果的連繫為兩派教育理論所忽視

很詫異的是思考的過程與結果的必然的連繫卻是兩派教育理論所共同疏忽的。

一派以為人的心智，是天生不合理的過程，必須從外而強納於論理的形式。它以為只有組織完成的知識才有論理性，所以只有從吸收完成論理的教材，兒童的思考，才會有論理。而教材的論理的形式，又非個人思考過程的結果，只是另外一個人的規定。規定了，便脫離它的過程，而只以完成的形式來提示，彷彿有一種幻術，這論理性便自然會移植於兒童的心中的。

舉一二例來說明吧。例如所教的是地理。第一，先須舉出地理的定義，以區別其他任何的學科。其次，舉出這地理科學所因之發展的許多抽象名詞，南北極、赤道、日月食、

寒帶、熱帶,一個一個給予定義和解釋,從簡單而至較複雜的單元。再次,才舉示較具體的事實,大陸、島嶼、海岸、海角、地峽、半島、海洋、湖沼、海岸、海灣等等。在學習這種教材中,學生不只是得到重要的知識,更重要的是從這些定義分類中獲得思想上論理的習慣。

這種方法是適用於任何學科的,讀、寫、自然、音樂⋯⋯什麼都可以這樣教。例如圖畫就可以這樣:一切圖形既然只不過是直線和曲線的聯合,最簡單的方法是先教學生練習畫各種位置不同的直線,例如縱線、橫線、對角線,再練習各種的曲線,最後聯合各線而構成畫圖。這是理想的論理的方法,由分析而循序以至綜合;在分析中,每一元素都有定義,因而可以清楚地了解。

即使不採取這樣極端的形式,能夠不過分重視形式以為論理訓練的學校(特別在小學),實在是很少的。總以為有若干確定的步驟,排列成一定的次序,便表示一個學科的內容,學生必須能夠分析這些步驟,學得這種機械的公式。在文法和數學裡,固然這方法是達到了頂點,就是在歷史和文學裡為了理智的訓練,綱要、圖解、表格和分類也是要用的。就在記憶成人論理的這種乾枯的片段的摹本之中,兒童有活力的思考被磨鈍了。「教學法」之所以受人輕蔑,這種錯誤的論理方法的採用,恐怕是一個最大的原因;人們聽到「教學法」便以為是一套機械的、有意的技術,專為代替兒童

心智發展而用的定型的法則。

　　從上述各例中我們可以看出，所謂論理的，幾乎完全等於教材的形式性質了，幾乎完全等於學科專家所完成的內容、定義、簡練、分析和組織了。這把教學的方法，看作以教材的熟悉而移植論理性於兒童心中的一套技術。至於兒童心智的自然的作用，反看作無關或有礙於論理的過程。於是學校的口號，便是「紀律」、「嚴肅」、「努力」這些了。從這觀點上看，包含教育論理的因素的，是教材，而不是兒童的態度和習慣。兒童的心智，只有和外界的教材相符，才能算合於論理。要造成這種相符，每種教材，先得（由教科書或教師）分為它的論理的分子，每個分子得給予一個定義，最後，所有分子得依照論理公式或普遍原則，排列成若干系列和門類。學生舉著一條一條的定義，一步一步地增加這些定義，形成一個論理的系統，終於自己也論理化了。

　　這種稱為論理的方法所生的教育的惡果，必然地招來一個反動。凡學習興趣的缺乏，不注意和延宕的習慣，理智運用的厭惡，很少了解的記憶和機械作業的偏重，這些都顯出論理的定義、分類、次序和系統，在事實上並不能奏理論之效。反動的結果，便走向另一個極端。這一派的教育理論，遂以為論理完全是機械的，是外鑠的，教師和學生都應該唾棄它的，兒童固有的好尚興趣，是應該給以無限制的表現的。把兒童的自然傾向和能力當作發展的唯一出發點，這確

是十分健全,可是這派的反動,也是錯誤的:因為它又否定了這些傾向和能力中理智因素的存在。

這派理論,骨子裡承受了前一派的根本前提。那就是兒童的心智,是自然地厭惡論理的;其理由是兒童對於教科書所用的論理形式都是反抗的。因此,它以為論理的秩序,既與心智的自然作用不相容,在教育上,至少在兒童的教育上是不重要的,教育不必問理智的生長,只要給予衝動和欲望自由的表現。這派學校的標語,便是「自由」、「發展」、「個性」、「興趣」這些。在它注重個人態度和活動之中,它看輕了有組織的教材。它把教學的方法,當作依照兒童發展的自然順序而引起他潛在能力的技術。

兩派的基本謬誤相同

以上兩派教育理論的基本謬誤是相同的。它們都否認反省的,真正論理思考的傾向,是兒童所固有;它們都不知道,因為外界情境的要求,內在的好奇的刺激,在兒童早期已表現出來兒童推論的傾向,是本能地試證的欲望,是內在的。心智在它發展的每一個階段裡,都有它自己的論理。它有假設,它會用事物的觀察來試證這假設;它有結論,它會在行動裡取得這結論的證據(或修改和放棄這結論,因為沒有證據)。嬰兒從觀察中生出盼望,從所見的事物得到所不見的事

物的暗示,他已經在推論了。所謂「自由表現」的一派教育忽略了自發活動的表現中最重要的一個因素,理智的因素在教學方面是占主要地位的教育因素;一切活動的其他方面,應該是輔助它發展的手段。

任何教師,只要留心體會兒童自然經驗中的作用,便不至於把論理當作教材的固定的組織,也不至於因為避免這一謬誤,遂輕視論理的要求。他不難了解:理智教育的實在問題,在於如何轉變自然能力為熟練能力,如何轉變任意的好奇和暗示為靈敏縝密和透澈的探究。他會了解:心理的和論理的,並不是相反或彼此獨立的,而是一個過程的一始一終。他也會承認:成人所有教材的論理組織,並不是唯一的教材組織;除非學生相當地成熟,能夠理解這種形式的原因,否則這種論理的組織,實在並不合適。

教材嚴格的論理組織,代表一個專家或熟練者所得的結果;定義、分類代表這結果的縮寫。一個人要能夠做正確的定義、透澈的分類、綜括的原則,其唯一方法即為照自己現有的程度,做起思考的工夫來。理智的組織原不能缺少,否則徒然造成模糊雜亂和不連貫的習慣。可是這組織不一定適合於專家的標準。因為專家已獲得的,在兒童還在練習試探之中。把學成者的終點,作為初學者的起點,豈非荒謬?至於縝密的考查,連貫的推論,一種結論及其所根據的理由的表述,那都是初學者應該要求於自己的。

第五章　反思的過程與成果

■ 總結

　　總結起來,「論理的」這句話,至少有三個不同的意義。在最廣義上,它指任何思考能夠達到論理的結論,哪怕它所含的實在過程並不合於論理。在最狹義上,它指按照標準的形式,從明白而有確定的意義的名詞所構成的前提而證明的結論;它指一種嚴密的證明。介於這兩個意義之間,而為教育所最關切的,是指系統地控制那思考的過程,而使思考成為反省的。在這意義上,「論理的」指自然的思考過程的軌範,指把思考當作一種藝術。

第二篇　探索思考的邏輯

三　訓練與自由

■ 訓練的概念

　　在前面的討論裡，我們說到兩派教育理論所提出相反的口號：「訓練」對「自由」。而從我們的立場說每派都誤解了自己所信的原則的意義。如兒童的自然的心理的過程，沒有內在的論理，而論理必從外界強制而得，則訓練只有消極的意義了。這就要痛苦地把兒童喜歡的途徑，強改為壓抑的途徑；雖痛苦，而為遙遠的將來生活的預備計，竟無可避免。這種訓練等同於鍛鍊或操練。用機械的比喻說，這彷彿是將一塊不相屬的金屬質，無情地錘打，把它打進另一種材料裡面去。用操練的比喻說，又彷彿是對於新入伍的士兵施行他們所本來不會有的軍人的約束和演習。這種訓練（如屬於後一比喻的）即使稱為訓練，也絕不是心智訓練。它的目的不是思考的習慣，而是表面動作的模樣。只因教師們不問訓練的意義以致事實上他們造成學生對於學習與用心的厭惡，而還自以為在訓練學生的心智。

　　真正的訓練是積極的。它是控制手段，是為達到目的而證明結果的一種力量。一個畫家在藝術上有訓練，便能夠運用和控制他的藝術中的一切元素，包括外部的顏料、紙和

筆、內心的意境和想像。這種力量的獲得，固然必需反覆地練習；但這不是無意義的練習，而是藝術的熟練；不只是反覆而是達到結果的過程。所謂訓練，是結果，是成功，不是外界的壓迫。一切真教育，都要以這種訓練為結果，而它的過程卻在於使兒童從事於本身有目的的活動。

自由的概念

這事實使我們看出另一派自由概念的錯誤。同於熟練能力的訓練，也就同於自由。因為自由正是超於外部統治自己行動的力量。它不僅不受外界阻撓，還要有行動的獨立的熟練。如其把自由和自發的活動，當作任意衝動的表現，教育的事，便只要供給刺激好了；一切有趣味的材料、工具和活動都好，只需不妨礙自由的表現。這種方法把獲得真自由的條件又忽視了。

自由從克服困難而生

衝動的直接表現，是思考的致命傷。反省的思考，要衝動的抑制和自省。說要用機械的作業，來給予思考上的困難，那誠然是錯誤的；有相當的深和廣的自然活動，自身過程中必遇到困難；不自然的困難是不必要的。可是教育也的確要愛護（而不要減少）這種經驗發展中的困難，以刺激學生

的思考。自由不在於外部活動的不受阻撓,而在於從反省中克服困難而獲得。

■ 思考需要在兒童早期的自然發展

在兒童發展順序上,每一時期都有好奇推論試證的傾向;忽略了這一點的方法,雖然著重心理的發展,也得不到發展。在自然發展中,活動的前一步無意地已預備了後一步的表現的情境,像植物生長的階段一樣。我們沒有理由可以假定思考是一種特殊的孤立的自然能力,只有達到某一時期才蓬勃茁長出來。(徒因為感覺和肌肉動作較先表現,而觀察、記憶、想像等較早運用,人們便假定思考是較後的發展。)要預備思考後來較高的形態,則在運用感覺肌肉以為觀察動作的引導時,思考便應該常常運用。

現在的流行觀念是:兒童期是幾乎沒有反省的,只是感覺、肌肉、記憶的發展時期,一到青年期,思考便突然地出現了。

然而青年期並不是神祕的。固然它帶來了思想範圍的放大,對較大問題的了解,對於自然和社會的較綜括的看法,這種發展引起較廣、較抽象思考的機會。但思考自身,其實在任何時期都是一樣,是一個從事實的暗示而達到結論的過程。在嬰兒失去他的皮球,開始有皮球的復得的先見,開始

計劃步驟、探查和實驗,以求達到他目的的時候,思考便開始了。只有充分利用兒童期經驗中的思考因素,才能確保青年期較高的思考能力的出現。

■ 心智習慣的必然養成不管好或壞

在兒童期,積極的思考習慣,無論怎樣,總是會養成的;如其不是縝密觀察事物的習慣,便是輕率和浮躁的習慣;如其不是觀念連貫的習慣,便是散漫與斷續的習慣;如其不是探查了充分證據,審慎判斷的習慣,便是一任情緒的好惡,情境的偶然,而輕信輕疑的習慣。要具有縝密、透澈、連貫(論理性的元素)的特質,便要從頭培養起,趁早利用這些特質,並且注意到利用這些特質的情境。

■ 真自由是理智的

真自由是理智的,它根於思想熟練了的能力,根於審觀事物,辨別證據的能力。如果一個人的行動不受慎思明辨的結論的指導,必受情緒的衝動、偶然的情境的指導。然則獎許沒有阻撓,不需思考的外部活動的自由,任由兒童受制於情緒、感覺和情境,便無異增加他的束縛了。

第二篇　探索思考的邏輯

第六章
推論與假設驗證

　　在前數章裡,我們已大概說明反省思考的性質。我們已指出為什麼必須用教育的方法以謀它的發展的理由;並述及這種教育方法所憑藉的兒童固有知能以及它的困難,與訓練的最後目的,即訓練成功的論理的思考能力的養成。現在,我從學生課卷中選取幾個實在的思考的例子。

第二篇　探索思考的邏輯

一　反省的思考舉例

　　我們已經一再注意到：刺激和引導反省的思考的外部和內部的情境，與自然和社會的情境相關的實際需求，都是刺激和引導思考的。現在先舉這類的一個例，我們也說過：好奇是兒童內在的一個強烈的動機，以下第二例，屬於這類。最後，已經熟悉科學問題的心智，也會由理智的問題而引起思考，第三例即屬於此類。

■ 實際需求的例

　　一天，在紐約，我走到第 16 街，偶然看到一個鐘，鐘針正指著十二點二十分。這暗示我在一點鐘的時候，在第 124 街還有一個約會。我計算來的時候，搭地面電車，費了一個鐘頭。現在仍搭地面電車回去，那麼，那約會必定遲到二十分鐘了。假使乘地道快車，我可以省二十分鐘。但是車站是否相近呢？如其不近，我還要去尋找，那倒反要費去不止二十分鐘。於是又想到乘高架電車，並且看見在距離兩連房屋之內，有一條高架電車軌。但它的車站又在哪裡呢？如其車站離此還有幾間房屋的相隔，那我不但不能省時，又要多費時了，我又想到地道快車到底比高架電車快，而且我記得

它在第124街的車站,離我的目的地也較近,下車後較省時。我決定搭乘地道快車,終於在一點鐘達到了我的目的地。

■ 從觀察而起的例

我每天乘渡船過河的時候,看見從上層甲板伸出一根白色的長桿和甲板幾乎相平。桿頂還有一金色的球,看上去像是一根旗桿;它的顏色、形狀和金頂,都可證明這一信念。但不久疑難發生了,這桿是橫的,和甲板相平的,不是旗桿應有的位置;而且也沒有可以懸旗的繩和環;最後,船上明明另有兩直桿,卻看不見升旗。這又證明它不是旗桿了。

我想像著這長桿的各種可能的用處:(1)是裝飾品吧,但一切渡船以至拖船都有它,這一說不能接受;(2)是無線電桿吧,那麼,上說也使其不可能。並且如其是無線電桿,應該安置在駕駛室之上,不應放在現在的位置;(3)是用以指航行的方向的吧。

為證明這結論,我發現這桿比駕駛室低,所以駕駛員容易看得見,而且桿的金頂比桿底更高,從駕駛員的位置看去,一定遠伸出於船的前面。駕駛員近在船的前面,也應該需要這樣指示方向的一件東西,拖船也一樣需要。這一說比其他都合理,所以我接受了。我的結論是:這白色的長桿,是用來指示方向而使駕駛員轉舵準確的。

包含實驗的例子

用熱的肥皂水洗玻璃杯，洗好，把杯口向下放在盤上，我注意到杯口外有水池，而水泡還自外而內進入杯口裡。為什麼水泡的出現，暗示著空氣，這空氣必從杯內出來。盤上的肥皂水阻止空氣的流通；除非這空氣是在水泡內的。但為什麼空氣從杯內出來呢？並沒有什麼物體進去迫著空氣外流。那麼，必是空氣漲了。空氣的漲，是由於熱，由於壓力增加，或兩者都有。難道玻璃杯從熱肥皂水裡拿出來以後，空氣熱了嗎？顯然，這不是指已在水泡裡的空氣。倘使熱空氣是原因，玻璃杯從肥皂水裡放到盤上的時候，一定有冷空氣進去了。我要試試這一說法對不對，於是再多拿幾個玻璃杯出來。有幾個，我搖動它們，使冷空氣入內；有幾個，我拿出來的時候把杯口向下，阻止冷空氣進去。結果前者每一個杯口外都有水泡，後者一個都沒有。我的推論是對的了，外面進去的空氣，一定因為杯子的熱而膨脹，這可以說明杯口外為什麼出現水泡了。

但水泡為什麼又自外而內到杯口裡去呢？空氣遇冷則縮，杯子冷，裡面的空氣也隨著冷空氣縮了，所以水泡向裡面去。為證明這一點，我於水泡還在杯口外出現的時候，把一塊冰放在杯上，水泡便立刻向裡頭去了。

三例成一系列

　　我故意選這三個例子，以示從簡單到複雜的思考的一個系列。第一例代表實際需求中的思考，其中事實和應付事實的方法，都不出日常經驗之外。第三例代表發現問題和解決的方法，都非先有一些科學訓練的人不會想到。第二例介於兩者之間，它的材料雖然仍在日常經驗範圍以內，而它的問題卻與個人實際事務並不直接相關，而只是間接地和偶發事項相關，起於一種理論的，不涉利害的興趣。

　　在下章，我們將給予這三例所共同的一個分析的說明。本章以下，我們第一要說一說占著智慧的行動的核心的「推論」（inference）作用的性質。第二要指出一切思考的目的，在於將一個疑難的情境轉變而為一個確定的情境。

第二篇　探索思考的邏輯

二　推論從已知到未知

■ 沒有無推論的思考

在任何反省的思考裡，人總是遇見一個已有的情境，從而推想到一件未有的事情。根據已有而獲得未有的觀念的一個過程，謂之推論。已有的把心智帶到未有的一樁事情的接受。在第一例裡，我們從已有的地點和時間，推想到為守約而趕行的方法，這守約是一件將來且未定的事情。在第二例裡，我們從觀察和記憶的事實，推想到一根長桿的用處。在第三例裡我們從水泡的出現和物理學的事實和原則的知識，推想到一個現象未知的原因。

■ 推論含著一個跳躍

因為推論是從觀察和記憶所得的事實出發，而達到另外一種事實，所以它是從已知到未知的一個跳躍。推論從觀察記憶所引起的暗示而產生。一個人得到什麼暗示，第一，看他的經驗是怎樣，而這又看那個時代的文化情形如何；例如我們極尋常的暗示，野蠻人想像不到。第二，暗示也看個人的欲望、興趣、情緒是怎樣。暗示的必然發生，它活潑的力

量以及我們只要沒有矛盾便會接受它的傾向：這些都指明，作為可信推論根據的暗示，怎樣有控制的必要。

■ 證明即實驗

先於信念而引到信念的推論的控制，謂之證明。而證明的主要方式是實驗。常語說，例外證明原則，那就是說，例外的事實是這樣極端，使得原則的普遍適用性，遭著極嚴厲的實驗。如果這原則經得起實驗，那它就不必再被懷疑。沒有經過實驗的原則，是誇誕，是胡想。遭遇過實驗而勝利的，得到了它的證書，它是可以接受的，因為是可證明白的。它的價值是明顯地表證過了。推論也是這樣。推論有很大的功用，但這並不保證它的必然正確。任何推論都會誤入歧途的，引它誤入歧途的勢力是常在的。所以要緊的是每個推論，必須是實驗過的推論（如其不可能），我們必須辨別信念有沒有實驗過的證據，而選擇我們的信念。

■ 兩種實驗

以上所舉三例中，都有轉化鬆懈的思想為反省的思考的實驗作用在內。仔細檢查，便知這實驗又有兩種。一種是把臆說放到思想中來實驗，看一看這臆說的各元素，是否互相配合融機。一種是把臆說放在行動中來實驗，看一看思想中

第二篇　探索思考的邏輯

預測的結果,能否成為事實。上舉第一例中,推想的結論是搭乘地道快車去準時赴約。這結論,因那人的行動而實驗證明。

第二例中,行動的實驗便只是一種想像的行動了。那人想像自己處於駕駛員的地位,而用那長桿指示方向。臆說的各部分的配合融和,在這裡非常顯現。把長桿當作旗桿,當作裝飾,當作無線電桿的臆說,因為與所觀察的事實的若干元素,不能配合所以被放棄了。至於用來指示船行的方向的結論,則和下列的元素恰相配合:(1)駕駛員的需求;(2)桿的高度;(3)桿底和桿頂的比例的地位。

第三例中,兩種實驗都用了。得到結論以後,不但以想像而且是以行動來證明的。把一塊冰放在玻璃杯上,而看水泡的動作;以不同的方法把玻璃杯從水中拿出來;這些都是行動。想到空氣遇熱則漲,而觀察所得現象與這原則符合不符合,這是思想上配合的實驗。並用二法,顯然比單用一法的實驗更準確。可是二法並非不同類的。思想配合的實驗,也就包含了想像的行軌。在另一法裡不過更把想像的行動,具體表現出來罷了。真正的推論,第一是向著暗示的結論的一種跳躍;第二是暗示和實際情境符合與否的實驗。思考的起源,是行動中迫切的需求;它的價值,決定於它在行動上所得的結果。到了理智的好奇發展以後,思考和行動的關係才變成間接的、偶然的,然而在想像中,這關係還是持續著的。

三　思考從疑難的情境趨向於確定的情境

■ 思考從直接經驗的情境而起

我們檢查前舉各例，便知思考在任何一例中，都起於直接經驗的情境。人們不會無故思考，思考不會憑空而起。第一例中，那學生在市街上忙著，而想到了另一約會的事情。第二例中，那個人搭著渡船，而引起了對於船構造的好奇。第三例中，一個有些科學訓練的學生，忙於他玻璃杯的洗濯。在每一例裡，實際經驗的情境的性質，刺激思考而引起了反省。

這些例子並非特異的，找遍了你的經驗，你找不到一個思考憑空發生的例子。有時思想的紛繁的連續，使你離開出發點十分遙遠，以致不易回溯到那出發點，但細細根究起來，總是有一直接經驗的情境在背後，是你所施的，所受的，所享的，所忍的，而絕不單是所想的。思考即為此情境而起。它不僅由此而發生，也以此為歸宿。它的目的與結果，是被它所從出發的情境決定的。

在學校裡，思考訓練的失敗的最大原因，即在於不像學

校以外的實際生活，沒有可以引起思考的經驗的情境。教師看到學生做小數乘法，數目是乘得對的，但小數點放錯了，價值便全錯了。320.16、32.016 與 3,201.6 這三個答案，在價值上有極大的差異。教師看到這樣的答數，每為所苦，殊不知這正顯出他一向只教學生算，而不教學生想。如其學生會運用思想，何至於有這樣價值的亂計呢？現在改變一種方法，他遣學生到木行裡購買手工實習所需的木料，而預先和商人約好要讓學生計算貨價。計算的方法，還不是和教科書裡的方法一樣？可是這次小數點便不會放錯了。情境迫著他去想，控制著他價值的觀念。教科書的問題和實際購買的問題一比，可以顯示引起思考的情境有怎樣的必要了。

思考趨向於確定的情境

我們檢查前舉各例，也知道其中每一情境，都是不安定的，疑難的，它給予我們一個未解決的困難，未確定的問案。其中思考的功能，即在於求得一個新情境，把困難解決，問案答明。一到情境安定了，明白了，有秩序了，思考也就結束，要等到再一困難情境發生時，才用得著思考了。

所以反省的思考的功能，在於將疑難的、矛盾的、不安的情境，轉化而為明白的、配合融和的、安定的情境。

一個命題裡表述的結論，並不是最後的結論，而是獲得

結論的鑰匙。例如「達到第 124 街的最快方法是乘地道快車」只是得到最後結論——準時赴約的鑰匙而已。思考所要達到的，是一個確定的、滿足的情境。這在其他二例裡也是一樣。形式論理的一大缺點，即在它以命題始，以命題終；至於命題所指的兩個實際情境，一個是疑難，一個是求得的結果，它卻絕不提到。

要決定有沒有真正的推論，最好的方法便是問：它的結果能不能把確定的、有秩序的情境，代替原來的、疑難的、紛亂的情境。部分的和無效的思考，只有形式上正確的結論，而在直接經驗上不產生什麼影響。有效的思考，則使人所感覺到的世界，產生一點差別：因為人們對這世界裡的一部分事物獲得了清楚的了解，且對他們有秩序地進行安排。真正的思考，歸結於新價值的認知。

第二篇　探索思考的邏輯

第七章
剖析反省的結構

第二篇　探索思考的邏輯

一　事實與觀念

　　置身於一個疑難的情境的人，可以採取幾種不同的辦法。一種是躲避它，放棄引起這種疑難的活動，而另外去應付別的事。一種是沉溺於幻想，只想像自己有錢，有勢，有力量能夠去解決它。再不然，他便得嚴重地應付這情境；如其這樣他便得開始反省了。

▋ 反省包含觀察

　　反省一開始，他便也必然地開始觀察，而把情境作一番檢查。這種觀察有時是直接運用感覺的，有時也要回憶自己或他人以前的觀察。在上章所舉的例中，那個要準時赴約的人，看到他自己現在的情形，也回憶到他一點鐘赴約的地點，以及自己所熟知的交通方式、車站位置。這樣，他對於所須應付的情境的性質，就會得到一個很清楚的認知。情境中有阻力也有助力。不管是由直接感覺或由記憶得來，這情境是「案中的事實」。一切事實是頑強的，它們在那裡，就必得要我們去對付。我們不能因為事實是不愉快的，便想用什麼幻術去避免它們。也無法希求它們的不存在或不這樣。我們只能如實應付它們。所以，為預防重要事實的忽略或誤

解，觀察和回憶是必須充分運用的，在思考習慣沒有養成以前，觀察情境並發現事實是一樁費力的事情，因為人的心智不喜歡不愉快的事實，而對於特殊煩惱的事實，尤其有慣於避免它們的傾向。

反省包含暗示

隨著情境中事實的觀察，可能的行動的暗示也就起來了。前例中那人想到了地面電車、高架電車和地道快車。這些暗示交相競爭，他以比較來制定最好的方法。這比較是間接進行的。他先想到一種可能的解決方法，而猶豫未下判斷時，他仍舊回到原來的事實。可是既有了一個新觀點，這就引導到新的觀察和回憶，引導到已有觀察的再審查和試證。除非他能夠這樣，他才會接受任何暗示，而不會審慎判斷；那他也就不能算有真正的反省的思考了。新觀察所得的事實，是可以（在複雜的情境中是必然）引起新的暗示的。而新的暗示，又是事實的再審查的線索。這種審查的結果，證明和校正了所提的推論，或者暗示出新的推論。觀察的事實，暗示的解答，此二者的互動作用，繼續進行，直到一個解答能滿足一切條件，而不與任何事實相牴觸。

第二篇　探索思考的邏輯

事實與觀念是反省中的相關的不可缺的因素

　　觀察的事實，術語謂之「材料」（data）。暗示的解答，謂之「觀念」（ideas）。兩者是反省的思考中兩個相關的不可缺的因素。前者的獲得靠「觀察」（observation，包括以前觀察的回憶），後者的構成靠「推論」（inference）。推論超越了觀察的事實；它從現實的進行到可能的。它的進行是預測、設計、推斷、想像一類的作用。凡我們所謂先見、預言、計劃、探究等的特質，都是從現實的進行到可能的。因此推論所得的結論，需要兩重的試證：(1)觀念（暗示的解答）的構成，常需與觀察的現實情境相核對；(2)已成的觀念，需在行動中（或想像的行動中）去證明它的正誤。

　　現在舉一個簡單的事例來說明。譬如你走到一個沒有道路的地方，如其一路平坦，沒有阻礙，你什麼都用不著想，你已有的習慣夠應付了。你忽然在前面遇到一條小的水溝，你想要跳過去（設計），但為安全考慮，你仔細看一看（觀察），知道溝不是很狹，而對岸又是泥濘的（事實）。於是你想，有沒有較狹窄的所在呢（觀念），再往復一看（觀察），想尋找這較狹窄的所在（以觀察證明觀念）。沒有，你只得另作新計畫了。正在徘徊的時候，你發現了一根木頭（又是事實）。你想可不可以把它架在溝上，用為一種橋梁而渡過去

（又是觀念）。你判斷這是值得試一試的，終於從木頭上走過去了（以行動證明觀念）。

情境如更複雜，思考自然也更縝密。在另一情境中，你可以想到做一個木筏，搭一座浮橋或造一艘渡船；這些觀念最後也是要以行動的事實來校正。不論所遇到的是簡單或複雜的情境，是實際行動的困難還是理智問題的困難，思考總有兩方面：一是所要應付或解釋的情境；二是所以應付或解釋的觀念。

例如日月食的推測中，一方面有關於地球、太陽、月球的位置和運行的許多觀察的事實；一方面有用以預測和解釋的許多複雜的數理的觀念。同樣，在一個哲學問題中，一方面有關於科學、道德和藝術，或以往思想家所供給的許多資料，這些事實或資料儘管遙遠而不能用感覺來直接觀察，可是依然是理論所資以核對的事實；一方面也就有理論的推測。這種推測引導到更多資料的尋求以發展觀念的內涵，已證明它們的價值。事實而不能暗示觀念，證明觀念，則事實是死的。觀念而不能指導對於實際情形的觀察和回憶，則觀念是空的，只是幻想、夢想而已。觀念是必須與實際資料相核對的。許多空幻的觀念，在詩歌、小說、戲劇裡很有價值，卻不是知識的資源。不過不切實在的觀念只要蘊蓄著而能夠應用於將來發生的事實上，那麼也是有理智的價值的。

二　反省的思考的形態

我們現在可以分析反省的思考的全程了。在前章裡,我們已說過任何思考的兩端是疑難的情境和確定的情境。前者可以稱為反省前的情境,它設定所要解答的問題;後者可以稱為反省後的情境,它包含一種滿足愉快的經驗上的結果。思考就是在這兩端之間進行著的。

五個形態

在這兩端之間思考有以下五個形態:(1)「暗示」(suggestions)在這裡,思考躍進於一種可能的解決;(2)「問題」(problem)將直接經驗的和感覺的困難理智化了,而成為一個待解決的問題;(3)「臆說」(hypothesis),用一個一個的暗示,作為觀念或臆說,以發起和引導觀察及其他尋求材料的心智作用;(4)「推理」(reasoning,這是狹義的推論,不指 inference 的全部),推演臆說中應有的含義;(5)「試證」(testing),在外表的或想像的行動中,實驗臆說,求得證明。

我們把這五個形態,逐一說明:

第一形態暗示

人的自然傾向,是一往直前去做他的事。疑難的情境,暫時阻止了這直接行動的傾向,而這傾向依然持續著,不過轉變而成為一種暗示的形態罷了。在困難中間得到的怎樣辦的暗示,是直接行動的替代。這是一種想像的、預擬的行動。如其只有一個暗示產生,我們無疑立刻接受它。但有了兩個或兩個以上它們便互爭互掣,使我們難於決斷,而不得不作進一步地審查。在前舉的簡單的事例中,第一個暗示便是跳過那水溝,但觀察一下現實的情境,便抑制了這暗示,而轉入別的暗示了。

直接行動的抑制,必然造成猶豫停頓的情形,這是思考所不可少的。思考彷彿是行為轉而內向,轉而檢查它自己的目的和情境、助力和阻力。

第二形態問題

把思考看作起於現成的問題,或憑空發生的問題,是不真切的這樣的「問題」,在教育上只是指定的功課的別名而已。在事實上,沒有一個情境會帶著問題同時出現;更沒有一個問題會脫離它的情境。在一個情境中,困難到底在哪裡,起初是茫然的,困難籠罩了全部的情境。如其我們確知困難的所在,思考的工作便容易得多了。常言道:題目出得

好,一半解答了。我們只有在想到一個可能的解答時,才確定這個問題是什麼。原來問題和解答完全出現於同時。在這以前,我們對於問題的把握,多少還是空泛而不確定的。

一個暗示試不通,我們得再檢查當前的情境。我們的煩悶不安根據觀察的情境才漸漸歸屬到一個確定的問題。那水溝不是困難,而水溝的廣、對岸的泥濘才是困難的所在。這樣,困難的所在找出了,確定了,就不只是一個空泛的煩悶,而理智化了,成為一個真的問題了。那個要準時赴約的人在行動上發生了困難,第一個暗示,便是怎樣很快地跑回第 124 街去,可是要達這目的,又需找出交通的方式。他得觀察現在的位置,車站的遠近,現在的時間以及車速的快慢。這樣困難的所在找出了,問題也就解決了。

在這些實際思考的例子中,用「問題」一個名詞,好像過於隆重了一點。但在任何反省的思考中,都有將全情境裡情緒的成分「理智化」(intellectualizing)的一種作用。這是將情境裡真的困難找出而使它區域性化的一種作用。

第三形態臆說

第一個暗示,是自然產生的。這種觀念的產生,並沒有直接的控制,也不合什麼理智的成分。理智的成分,在於它產生以後怎麼用。它控制的用法,是因前述的形態而可能的。我們能確定困難的性質到什麼程度,便比照著這程度而

有可靠的暗示。事實確定著問題；問題的理解，校正、改變或擴張著原來的暗示。這樣，暗示才成為確定的假設，術語便謂之臆說了。

醫生診察一個病人，工人檢視一個不靈的機器，都有一個困難的所在。不先查出這困難的所在，沒有辦法提出救治的方法。一個沒有訓練的人會亂猜、胡想（暗示）、妄動起來，希冀這樣會碰巧成功。以前用過的藥，或者是鄰居介紹過的藥，都拿來試一試；機器這裡敲一敲，那裡撥一撥，以為就可以有使它運轉的巧合。但有訓練的人絕不這樣辦，他第一要非常仔細地觀察，運用醫生、工人所習用的技術，以發現困難的所在。

怎樣解決的觀念，是受診斷支配的。如其困難極其簡單地解決，醫生和工人也不會接受所得的暗示的解決而不再思想。他們進行工作，是試探的而不是決定的態度。他們把暗示作為一個適用的臆說，跟著它再去觀察，再尋事實，以證明臆說的符合與否。如果這病是傷寒，那麼，應該有某種的症狀，事實上有無這種症狀呢？這樣問題和臆說都有了控制：問題更加確定，而臆說也不只是可能，還更加有試證過的蓋然性了。

第四形態推理

觀察所涉的，是自然界存在的東西。觀察所得的事實，支配臆說的構成，也證明臆說的價值。臆說（觀念）呢，起於

我們的心智，它們不像事實存在在那裡就完了，而可以有很大的發展和推演的。有經驗、有知識的心智，可以把一個觀念推演、擴張，使得它的結果和最初的觀念完全兩樣。

例如前章所舉的第三例中，熱的觀念與它的漲力連了起來，這和冷的縮力又連了起來，終於把漲的觀念作為一個臆說，這是僅有熱的觀念所無補的。熱是從觀察直接所得的暗示，洗玻璃杯的水是熱的，然而只有有了熱的知識的人，才能推想到熱的漲力，而把漲的觀念作為一個適用的臆說。在更複雜的思考中，推理的連續更長久，一個觀念引到另一個已證明的觀念更廣泛。觀念連續推演的範圍，決定於人所已有的知識；而知識的限域又決定於人已得的經驗與教育，而且視乎時代和社會的文化的程度。推理幫助我們擴充我們的知識，同時也依靠著我們已有的知識和傳達知識的便利。

今日的醫生，靠著已有的醫藥科學的知識，能夠把病象所暗示的病症，推斷到一種可靠的程度，不是三十年前的醫生所能做到的；就是他對於病象的觀察，也靠著診斷器械和技術的進步，能夠達到比三十年前醫生的觀察更可靠的程度。

推理對於暗示（的解答）的作用，和觀察對於原來的困難的作用一樣。仔細一思考，第一個暗示便不能接受。起初像是合理的推測，等到對它的結果仔細分析了，便被認為不合理。我們推演一個假設的含義，即使不一定使這假設全遭

第七章　剖析反省的結構

拒絕，但已把它推演到更適用於解答問題的一個形式了。例如前章所舉第二例中，那長桿是用以指示航行方向的一個假設，是推演了含義而後才適用於當前的問題的。我們在思考中，最初看像是遙遠而離奇的暗示，常是這樣經過推演而轉變得合適有效。觀念在推理中所得的發展，能把初看是矛盾的元素，連貫起來，而成為一個調和的整體。

　　數學是推理的典型。在數學裡，我們可不靠感覺的觀察而得到觀念的聯合。在幾何學裡，我們從線、角、平行線、平面等幾個概念以及確定它們的性質的幾個原則出發。知道了兩條平行線和一條直線相交的時候，所構成的角度相等；知道了一條垂直線和一條直線所構成的是兩直角；把這些觀念聯合起來，便可以推定一個三角形的三內角之和，是等於兩個直角。再繼續把已證明的定理含義推演出來，平面圖形的全部問題便解答了。在代數學裡，運用代數的符號，而建立許多方程式和演算法，更是聯合觀念而推理成功的著名的例子。

　　科學的觀察和實驗所指示的臆說，一經用數學的形式表述出來，便可以轉化為任何形式而幫助我們迅速有效地解答問題了。自然科學的成就，大部分就靠著觀念數學的推演（科學的知識並不單靠測量，而靠著那種可以用推理來發展的數學的表述。許多教育測量僅憑數量的形式而要求有科學的價值，所以是難於成立的）。

第五形態試證

最後的一個形態，是將臆設的觀念，在行動中求得「實驗的證明」（experimental verification）。推理的結果是：倘使這觀念接受了，一定有若干效果的產生。臆說只是假定的結論。如果我們看到這臆說所要求的情境都已具有，而相反的臆說所要求的又都沒有，那麼接受這觀念的傾向，便不可遏制了。有時如船上長桿的例子，直接的觀察，便可以供給證明。有時，如玻璃杯水泡的例子，必須透過實驗證明。所謂實驗，是按照臆說的要求，有意布置這情境，來觀察理論推演的結果是否產生。如其實驗的結果和理論推演的結果相符，則可以相信這種結果是產生於這情境的；非有相反的事實的發生，這證明已很充分，而臆說可以作為結論了。

當然，證明不常這樣容易得到。有時實驗的結果不能證明，反而否定了原來的臆說。可是在有了思考習慣的人看來，這種失敗，不只是失敗，而是教訓。善於思想者，在失敗上的心得，和成功上的一樣。因為失敗指示他應該還有何種的觀察，他的臆說應該還有何種的修正。這失敗顯現出新的問題來，或把舊問題更確定了。沒有什麼比失敗的利用是更有益於有訓練的思想者。在不慣於思考的人所感覺煩惱和沮喪的，所引入無目的的試探的，在有訓練的思想者眼中，倒是一種刺激和指導。

■ 五個階段的順序不是固定的

以上五個形態或階段,並不依固定的次序而出現。在實際思考裡,每一階段,都有助於暗示的完成,而使它可以作為一個指導的臆說;都有助於問題的確定,而使它更明顯困難的所在。觀念的修正,又引導到新的觀察,以產生新的事實,而估量舊的事實。臆說的推演,有時也並不待問題的確定,而任何時都會進行。至於最後的試證,又並不是最後,而要看結果如何,可以引起新的觀察和新的暗示。

實際行動的試證和科學的實驗,有一個重要的分別。就是前者的採取比後者要嚴重。因為科學實驗,為的是要尋求知識,為的是要證明理論;而實際行動所要求的結果,則超於知識以外。思考的價值之一,即在於能延緩不可挽救的行動的採取。所以在道德和其他實際生活上,有思想的人總是把自己的行動,盡量地當作是試探;換句話說,他雖然無法避免這行動的結果,卻十分注意這種結果的教訓是什麼,這種結果對於自己行為以及實際影響是怎樣。他把自己行為的結果,看成一個問題,而要探求它的原因,尤其是關於自己習慣和欲望上的原因。

總結起來,我們可以說這五個階段,在輪廓上代表反省的思考中不可缺的特質。在實際上,有時兩段可以湊合起來;有時幾段可以匆匆掠過,而使求得結論的擔負,落在一個階

段上,使得這一段有看似不勻稱的發展。在這上頭,沒有固定的規則。怎樣的安排,全看思想者個人的理智的機巧和靈敏。不過,如有錯誤的,最好是把自己所用的方法檢查一下,而找出錯誤的由來。

每個形態是可以擴充的

在複雜的思考中,有幾個階段會擴展成若干分段。把這些分段當作分段,或當作另加的段落,那僅是一個形式上的問題。「五」的數目,原來也沒有什麼神聖。例如在實際思考中,目的在於決定行動,則於思考行動的方法以外,最好還要先思考行動背後的動機。這段思考,是當作一個單獨問題而自成一階段的呢,還是當作原來的問題的一個附加段落呢?那實在是隨便,怎麼說都可以。

參照將來和參照過去

另外,反省的思考包含一種對於將來的展望和預測,這也可以列為第六個形態。事實上,任何理智的觀念,是預測可能的將來的經驗的,而最後的解答,是確定將來的行動的趨向。觀念是前步工作的記錄,也是後步行動的指定。它幫助持續的思考的進行。例如一個醫生檢驗了一種病症以後,常有關於這病症的將來發展的一種預測。他的治療固然

證明（或否定）他的臆說，而治療的結果，又影響他將來的診斷治療。有時這將來的參照，這樣重要，使它有了特殊的繁衍，而成為思考裡一個獨立的形態。例如有些日食的觀測，是為愛因斯坦的理論求得證明，而這理論的自身，這樣重要，使它特殊地占據了科學家的思考。

對於過去的參照，在反省的思考裡，也一樣重要。當然暗示不能憑空而來，而起於思想者的過去經驗。雖然，我們有時得了暗示，即不再回溯它的由來；但有時卻會仔細檢視過去的經驗，而使它成了試證的過程的一部分。

例如一個人要投資於地產，他會想到以前這種投資的失敗，他會把前次經驗和這次經驗，一點一點地比較，而觀其異同。對於過去的檢查，在思考中可成為決定的因素；而它的最大的價值，是顯示於得出結論的時候。在第五章裡，我們說過「結論不能一蹴而就。到了每一驛站，最好把以前的經過，複核一番，看一看和要達到的目標有多少關係，有怎樣的關係」。這樣「前提和結論，在彼此確定的關係上，同時制定」。組織知識的能力，大部分就在於以一個新的根據（即所要達到的結論）來檢查過去的事實和觀念，而把它們彼此連繫起來。這作用原包括在上述「試證」的一個形態裡，但因其影響學者的態度很大，也可以當作一個獨立的形態。

第二篇　探索思考的邏輯

第八章
判斷力在思考中的作用

第二篇　探索思考的邏輯

一　判斷的三個因素

　　我們以上討論的，是反省的思考的全部過程。在這過程中，還有附屬的各單位。思考的效率，也視這種單位的品質如何。

■ 判斷構成思考的單位

　　從一個觀點上看，思考的作用，包括彼此互相連繫而引導到一個最後判斷（即結論）的一系列的判斷。雖然這樣，我們以前把反省的思考當作一個整體；因為判斷並不單獨產生，而是和困難的解決、問題的解答相連的判斷，只是反省的思考的單位而已。解答問題的目的，決定所要作的判斷是哪一種。如我忽然說，22.5公尺的地毯，可以蓋滿某種大小的地板，這原是正確的事實說明，可是如果和當前的問題沒有關係，那便是一個無意義的判斷。判斷不僅要正確，而且要適當。判斷固然要決定事實和觀念是否可靠，尤其要選擇和估量它們，看它們和問題有無相關。富於判斷力的人，會估量價值，而估量得精確適當。

　　所以良好的思想習慣的中心，在於適當的、精準的判斷能力。我們有時遇到一種人，他們所受的學校教育無多，而

他們所做的實際事務卻很好。遇到困難，他們所出的主意常為人們所信賴。這種就是富於判斷能力的人。不管他們的學校教育程度是怎樣，在某些事務上能夠下適當的判斷，便是在那些事務上受過教育的人了。如果我們的學校，能使學生在某些事務上有適於審量判斷的態度，便比單給予知識和訓練技能有成就多了。

判斷的因素

判斷的特質，可從原來法律上用這名詞的意義，而分為三點，法律上所謂裁判包含：(1)爭執，兩邊對於同一情境有相反的要求；(2)推勘，確定這種要求的性質，而鑑別其所根據的事實；(3)決定，終結現在的爭執，且供給以後同樣案件的先例。

判斷起於懷疑和爭執

除非有所懷疑，我們對於情境，應付裕如，只有知覺認知，而沒有判斷。如其情境是全部疑難曖昧，那也只會有神祕，而沒有判斷。但倘使情境暗示不同的意義，各種可能的解釋，那便有爭執之點了。於是懷疑成了爭議的形式，各個方面，各要求一個有利於己的結論。在法庭上，爭議的處理，是峻潔而嚴明的；在理智上，疑難情境的應付，實在也

應該是這樣。我們遠遠地看到一個模糊的動的影子，便問：「那是什麼？是一陣沙塵嗎？是一棵隨風搖晃的樹嗎？是一個人在招呼我嗎？」全部情境中，以上每一可能的意義，都有一些暗示，或許只有一個意義是正確的；也許沒有一個是適當的；可是那影子一定有一個意義的。哪一個暗示的意義有合理的要求呢？那知覺的對象怎樣解釋、估量、安放呢？判斷就從這種情境而起的。

判斷從選擇事實和原則而確定爭執

爭議的評斷分為兩部分，在各案中，這兩部分的輕重各不同。在法律上，這兩部分是證據的比量和適用原則的選擇，是一案中的「事實」和「條文」。在我們尋常的判斷上，這兩部分是：(1)重要事實的確定；(2)事實所暗示的意義的推演。（試和前章第四形態相比較）這兩個問題是：(1)情境中有關於解釋的構成的是哪些部分？(2)用來作為解釋的觀念，有什麼充分的意義？這兩個問題是密切相關的；每一個答案依靠著另一個的答案。我們只為說明的便利，才把它們分開來。

(一) 選擇事實

在任何實際事情中，有許多事實是與問題無關的。經驗中的各個部分雖同時存在，而不是同樣有可以作為證據的價值。也沒有哪一部分上掛著標誌說：「這是重要的」或「這是

第八章　判斷力在思考中的作用

無關的」。而且強烈、活潑或明顯，也並不是它的價值的可靠的分寸。最昭彰的事實，也許與問題全然無關。最隱晦的部分，可以為了解全問題的祕鑰。可是不相關的事實，偏逼著我們注意；而頂重要的部分又不暴露在表面。所以就是關於感覺所接的情境，也要有判斷、淘汰、選存、發現是不可少的。在最後結論未定以前，事實的去取是臨時的。我們暫時選存我們希望有意義的事實；但倘使這些事實，並不能夠暗示有關的意義，我們得重組事實：因為所謂相關的事實，必須是可以作為達到結論的證據的。

事實的選汰去取，沒有呆板的規則，全憑所謂判斷的能力了。有好的判斷能力，便會在疑難的情境中，看出它各部分的比較的價值，分別去取，去其無關的，取其可以作為結論的證據的。這種能力，在日常事務中，稱為機智、聰明；在重要事務中，稱為領悟理解。這種能力，一部分是先天的，但一部分也靠過去對於同類情境的熟諳。有了這種能力，在一項事務上，便是專家或技術家的表徵了。

在下引的事例中，穆勒（Mill）指示這審量情境中的重要因素的能力，可以發展到怎樣機微準確的程度：

蘇格爾一位廠商，以重價僱用一個英格蘭有名的染色熟練工人，要他教別的工人同樣的技巧。這老練的工人到了，但他的祕訣，在於配合染料的分量，而他的方法，是用手撮而不用秤量。那廠商設法叫他改手法為相等的秤法，庶幾他

的配合方法可以確定下來。這他可不會做，因此他的技巧也就無法教。原來在他的經驗裡，顏色的調和與染料多少的觸覺，已經構成一種連繫，從觸覺他便能估量某種色彩要用多少染料。

對於情境，有過長時的考慮，濃厚的興趣和熟諳的經驗，就產生了這種所謂「直覺的」（intuitive）判斷。但這是真的判斷，因為它是根據於以問題的解答為目的的選擇和估量的。這種能力的有無，是藝術者和理智的拙工的分別。

這是判斷能力最完全的形式。但無論怎樣，裡面還是含有情境的探索，結論的猶豫，重要事實的選取，不相關事實的汰除或減輕地位等。機智、靈活、好奇是成功的要素；獨斷、固執、偏見是必歸失敗的。

(二) 選擇原則

事實的選擇，當然是為了控制暗示的意義（用以解釋事實的意義）的發展和推演。所以意義的推演與事實的確定，是同時進行的。可能的意義，一個一個呈現於前，就其和事實的關係來考慮，來推演到較細密的節目，然後決定取捨。在這中間，我們並不是以一個空洞的心來應付問題的；我們帶著習慣的了解方法，和從前經驗中累積的許多意義。

習慣的行動，一遭挫折，而抑制著不得適用的時候，可能的意義便呈現於心了。一個暗示的意義對不對，也沒有呆

板的規則，仍舊要憑判斷的能力來決定。任何意義或原則上面不會掛著一個標誌解釋，「用我」不會像《愛麗絲夢遊仙境》裡的魔餅上面印著「吃我」的字句那樣。思想者要自己去抉擇；因為抉擇總含有錯誤的危險，所以縝密的思想者要十分慎重地抉擇，而被選擇的意義，仍留待後來事實的證明。

如果一個人沒有這能力，不會估量可以解決遲難的意義，那麼，即便以勤劬的學問，積聚了豐富的意義，也沒有什麼用處。因為學問不等於智慧，而知識不保證判斷的優良。記憶所供給的，好比是一個冷藏室，預為將來儲存著可用的意義，遇到疑難什麼意義可用，那全靠判斷了（至於並無疑難或危機，當然也用不著裁決）。任何意義，不管抽象上怎樣的確定，在其解釋事實的功用上，最初至多只有候選的資格；非較其他並立的意義，更能顯微闡幽，決疑解困，沒有當選的資格。總之，思考是事實和觀念的不斷估量，非將事實和解釋事實的意義的價值，估量過，判斷過，思考的進行是不可能的。

判斷終於決定

判斷的終局是決定，是懷疑和爭執的結束。這個決定不但解決目前的問題，也確立了將來解決同類問題的原則或方法，像法庭的判決，不但解決一個爭訟，也構成將來判決的先例一樣。如其所決定的原則，為後來事實所不能否定，則

第二篇　探索思考的邏輯

以後遇到有類似而可以適用的案件,這原則的援引,便有了優先的機會。判斷的原則,就是這樣逐漸造成;某種解釋的方法,就是這樣逐漸增加了權力。意義這樣標準化而成為論理的概念。(參看下第十章。)

二　分析與綜合

在判斷之中，混淆的事實，得以理清；雜亂的事實，得以連貫。這理清即是分析；這連貫即是綜合。

事物和我們接觸的時候，有若干說不清的印象：這一物覺得是渾圓的，這一事覺得是粗魯的；而這些印象卻融化消失於一整個情境裡面。到了我們遇到另一情境而感覺疑難，才需要那原來情境的那一特質作為解釋的工具，這才把那特質個別化而抽了出來。我們為要說明另一物的形狀、另一事的性質，才將舊經驗裡的「渾圓」、「粗魯」抽了出來，而成為顯著的元素，倘使這元素能使新經驗裡混淆的理清了，疑難決定了，那麼它的意義也就確定了。這點下章還要討論，這裡只就它在分析綜合問題上的關係而言。

■ 理智的分析和物質的分析不同

即使人們說明白理智的分析和物質的分析不同，他們還是把理智的分析去比擬物質的分析，而當它是一種將整體拆成部分的作用。將整體拆成部分在心智上是怎樣一回事，既然無人能說，這觀念就使人把論理的分析當作一切性質關係的列舉和表列。這一觀念，對教育方法的影響是很大的。學

校中每一學科,都經過 —— 或仍滯留於 —— 所謂「解剖」的階段:那就是將一科知識的內容,化成形式、性質、關係等等的區別,而給予每一區別的元素一個名詞,便算完事。但在尋常經驗之中,總是先要解除一個現實的困難,而後才注重到,而區別出它一個一個的特質。先要判斷一個現實的情境,而後才有動機去分析其中特殊有意義的性質或關係的。

這種結果和過程的先後倒置,在小學裡流行的方法上也一樣明顯。思考和發現中所用的方法,與思考和發現已有結果而歸納成功的方法,絕不相同。在思考中主要的態度是尋求、假設和試探,思考已有結果,則尋求已終止了。所以希臘人常辯論:「學問的探求,怎樣有可能?如果我們已知道所要尋求的,我們用不著尋求;如果我們不知道所要尋求的,我們又不能尋求。」這矛盾正指出真正探求學問的方法:即尋求假設和實驗的應用。得出結論之後,回想過程中的各步驟哪裡是對的,哪裡是不對的,從這回想而得到的方法,對應付將來的問題是有益處的。組織思想的方法是這樣產生出來的。

■ 有意的方法與無意的論理的態度

一般的假定,認為學生不是一開始就有意識地認明他所應該用的論理的方法,他便沒有了方法,而思想必陷於混

第八章 判斷力在思考中的作用

亂,這假定是謬誤的。同樣,認為他學習的時候,帶著方法的一種形式說明(如大綱、表解、公式之類)思想便得到了保障,這假定也是謬誤的。事實上,論理的態度和習慣的逐漸的、非意識的發展是在最先的。只有在非意識的、試探的方法得到結果之後,才有意識地敘列論理的方法的可能。這種意識的敘列,對以後同樣材料的處理是有價值的。可是把它提早說明而過分注重,則反而阻礙學生分析自己經驗的能力。使方法明顯而確定的,是方法反覆使用以後,便自然會有顯著的說明,只因為教師們覺得自己了解的教材,是區劃而分裂的,才使學校裡充滿了兒童也應該從方法的系統入手的迷信。

　　分析既被當作整體的拆開,綜合也被視為部分的拼合,這樣想來,綜合便神祕了。實則凡我們掌握著事實對於結論,或原則對於事實的關係時,我們便有綜合。分析是選拔,綜合是安放;分析把事實或性質選拔出來,使它有明顯的意義;綜合把所選放出來的,安放在一個有意義的關係上。這樣安放了,意義和意義連繫了,便更增加了重要性。我們把汞提出來,而與鐵、錫等連繫,稱為礦物,這些東西都得了新的理智上的意義了。每一判斷,只要是分別與結論有關或無關的事實的,都是分析的;只要是把選擇的事實安放在一個概括的情境裡的,都是綜合的。

137

教育方法上的分析與綜合

凡自詡為嚴格的分析或綜合的教育方法，都和正常的判斷作用相背馳。例如地理教學法，所謂綜合的方法，假定先教給兒童他所熟悉的一小部分的地面，依次及於毗連的地域（如縣、國、洲等）直至全地球，或太陽系的整個觀念。所謂分析的方法，則從自然的整體開始，從太陽系或地球，漸次及於它所構成的部分，而歸到兒童自己直接的環境。以上基本的概念，是物質的整體和物質的部分。其實我們不能假定兒童所習知的一小部分的地面，在理智上是一個確定的東西，而要他從這觀念開始地理的學習。他對於這環境的知識，不但不完全而且是模糊的。

理智的進步，必包含這環境的分析；選出其中有意義的部分，而使它們特別顯著。同時這小部分的環境，也不是清楚地劃了界線的；他對於這環境的經驗，已和他對於日、月、星等的經驗分不開；他一行動，地平線也隨著改變。他有限的區域性經驗，已包含著村、街以外更遠的因素，已包含其與一較大的自然的整體的關係。不過這關係的了解是不充分的，他必須先確定區域性環境的重要事實，才能明白其與較大的地理上的關係。等到較大的關係明白了，則區域性環境裡最普通的事實，也就理解了。這樣分析引導到綜合，而綜合完善了分析。當學生愈了解大的複雜地理關係的時

候,他也愈加確定了區域性事實的意義。這種事實的選拔,注重(分析)與它的整個關係的解釋(綜合),在正常的反省的思考中,總是密切互為影響的。所以把分析與綜合看成對立的,實在是大愚。

我們作任何估量的時候,我們要抽出特殊的性質或形狀,我們也要匯合而把所抽出的安放在整個關係上。估量土地價值的人,先要抽出或注重某方土地的貨幣價值,而也要把這價值安放在整個地方的土地價值上去量一量。同樣的作用,在一切判斷中都有。

第二篇　探索思考的邏輯

第九章
理解觀念的本質與意義

一　觀念是暗示和假設

我們看到一件動的東西,聽到一種意外的聲音,嗅到一種異常的氣味,而問:這是什麼?這所看所聽所嗅的意義是什麼?我們發現:那是一隻跳動的松鼠,那是兩個人的談話,那是火藥的爆炸,我們就說,我們是理解了。所謂理解是意義的掌握。在未理解之前,我們如有好奇心,我們必感覺疑難而要求探究。已理解之後,我們在理智上便比較安寧了。在探究之中,在某個時候,意義只是暗示,我們把這暗示,懸想為一種可能,而不遽斷定為一種實在。在這時候意義便是觀念了。觀念介於確定的理解與心智的煩惑兩者之間。凡事物的意義,只是有條件地接受;接受來作為嘗試的,都是觀念。等到它被確定地接受了,那麼事物也已經理解了。

▍觀念是判斷的元素、解釋的工具

所以觀念不像判斷是整體,而只是構成判斷的單位。以文章為比喻,則反省的思考的全程為一篇,判斷則是篇中之一句,而觀念是句中之一字。在推論中觀念的必要,我們已經說過。推論的能夠停留於發展實驗的階段中,就因為意義的沒有確定接受。而且在推論中,觀念引導著我們的觀察,

第九章　理解觀念的本質與意義

控制著我們事實的蒐集和檢查。沒有一個引導的觀念，則事實必雜亂如散沙，而不能組成理智的整體。因此我們現在來討論觀念，我們並不是又引入一個新的題目，只是如上章討論判斷一樣，將思考的整體中的元素，加以細說而已。

以遠看一個動亂模糊的影子為例，那是什麼呢，有什麼意義呢？一個人在搖手或一個朋友在向我們招呼，這是暗示的可能。立刻接受這暗示之一，便阻礙了判斷。倘使我以這暗示為假定，為一種可能，則它便成了一個觀念，而有下列的特點：(1)當作暗示看，它只是假定，或說得尊嚴一點是臆說或理論。它是一種可能而尚未可信的解釋。(2)雖然尚未可信，它卻有它的用處，它指導我們進行觀察和探究。如果那影子是一個朋友在招呼，則進行觀察必會發現若干其他事實。如果不是，而是一個趕著牲口的牧人，則又必有若干其他事實。我們看一看這些事實存在不存在呢？一個觀念，如只當作疑問，則探究便不會進行；如只當作信念，則探究也便受了阻礙；只有當作疑問的可能，它才能給予探究一個立場，一個方法。

所以除非把觀念當作尋求材料以解答問題的工具，則觀念不成為真正的觀念。假如我們希望學生掌握住地球是圓的觀念，則和把地圓的事實教給他便不同。給一個球或把地球儀給他看，而告訴他說地形就是這樣，叫他天天背誦這句

話，等到地與球在他的心裡是連繫起來了，這樣他依然沒有真正獲得地是球形的觀念，他至多得到一個球的意象，而模擬它以得到一個地的意象而已。真要明白地球是圓的觀念，他得先從觀察的事實中，發現若干疑難的現象，如在海上的船身已不見而桅桿可見，月食中的地球的黑影是圓形之類，然後我們暗示他，把地球是圓的這一事實作為一個可能的解釋；用它來解釋事實而使事實有更豐滿的意義，則地球是圓的就成為真正的觀念了。單是活潑的意象，不一定是觀念；模糊而倏忽的意象，只要有刺激和引導觀察和解釋的功用，卻可以為觀念的。

論理的觀念，像開鎖的鑰匙。梭魚和牠所要捕食的小魚，用玻璃隔開了，牠會把頭撞到玻璃上去，想去捕那玻璃隔開的小魚，經過多少的碰撞，才知道那些小魚是捕不到的。動物的學習，都靠這嘗試錯誤的方法。人類的學習如沒有觀念做根據，也只有這方法。人類的行動，是有意識地受觀念指導的，所以一面可免於粗率急躁的愚蠢，一面也不必依嘗試偶成的浪費的教訓而學習。

形容智慧的字，有許多暗示、迂迴、巧避的意思，也常帶著道德上歪曲的意思。粗樸的人，做事都是徑行直截的。聰明的人是玲瓏的、曲折的、機智的 —— 都包含不率直的意思。觀念便是思考中不用蠻力而用巧術以克服困難的一個方法了。但觀念經過習用以後，會失卻它的理智性。例如兒童

初認識貓、狗、樹、屋等物，而還猶豫不辨的時候，觀念於他是一種認識的方法；但到後來，事物與意義，完全合一，便只有機械的自動的認識而無所謂觀念了。可是常見習知的事物，如出現於一個異常的關係上，也會引起問題，而需要觀念才得理解。例如一個人要畫出一間屋子，則如何把牆壁和屋頂所成的角度表現於一個平面，便需要一個新的觀念了。又如小孩已常見方和圓的玩具和器皿；但在幾何圖形上發現了方和圓，又得另外構成新的觀念了。

觀念是論理的工具不是心理的混合物

觀念在論理上的意義，這樣說和它在心理上的意義，便很不相同。在論理上觀念不是事物的意象，也不是若干感覺的混合物。我們不能單靠從椅子所得的意象，而得到椅子應有的特殊觀念。一個野蠻人會有電桿電線的意象，但除非知道一點關於電報的事，不會得到桿和線的正確的觀念。一個不學者會有一個複雜的科學圖解的意象，但不管他的意象怎樣明晰，甚至能夠把圖的形象一一列舉出來，他還是不能夠理解這圖的意義。所以觀念之所以為觀念，不以它的結構而以它的功用。只有在疑難的情境中能夠幫助我們構成判斷，而從思考以獲得它的解決的才是觀念，沒有別的。這是觀念，因為它的決疑解困的功用，而不因為它的心理上的結構。

第二篇　探索思考的邏輯

二　事物與意義

　　觀念終結於理解，而使事物獲得意義的被理解的事物，即有意義的事物，一方面和觀念（疑難而尚未連貫的意義）不同，一方面也和粗糙的物質的事物有別。如果我在黑暗中碰見了一樣東西，碰痛了而不知道它是什麼。那就只是一個物質的東西。如果我點燃了火而找出了它是一張凳，或一個煤斗，那就成了被理解的事物或有意義的事物了。

理解是掌握意義

　　假如有人突然跑到你的房間而喊著 Paper，你會有各種可能的反應。如果你不懂英語，則那只是一個噪音，一個物理的刺激而已，沒有任何理智的價值。可是，第一，如果這是每天送報紙的人的喊聲，那麼它便有意義了。第二，如果你正等待著某種重要文卷的送到，你就會假定這聲音表示它是到來了。第三，如果你是懂英語的，但從你的習慣或期待上，想不出有什麼關係，則那聲音也有意義，不過沒有全部的意義。你因理解困難，便得去求索它的解釋，得到了它，也便有全部的意義了。因為人類是智慧的，我們以有意義為常，以無意義為變。如果那個喊聲只是告訴你路上有紙，或世間有紙，你必以喊者為瘋狂或惡作劇了。掌握事物的意

第九章　理解觀念的本質與意義

義,是去看出這事物與其他事物的關係,去看出它的作用、結果、原因,以及如何利用。反之,事物的意義不為我們所掌握著的,便只是粗糙的物質的事物。

一切知識包括一切科學在內,目的既然在賦予事物以意義,或求得事物的理解,它的進行,總是先把事物從孤立的狀態提出來,而放在一個較大的整體裡使成為一相關的部分。例如一塊石頭,可以從岩石層的構成上去理解。如果這石頭上有別緻的花紋,又可從美術上去理解。最後這花紋,被理解為冰河的遺跡;在冰河時代,巨大的冰塊滾下來,挾著巨石沙礫,和這地方的石頭摩擦而成這種種花紋;這樣,從地球史的遠古時代,取得了關係而理解了。

兩種理解的互動作用

在上文所舉的例中,可以看出理解有兩種。一個 Paper 的喊聲,懂得英語的人,立刻掌握著它的意義。但為什麼那樣喊,其全部的意義,卻還沒有得到。看到一塊石頭的人,都知道它是石頭,這點意義,至少是掌握到了。但石上為什麼有花紋,這意義又何在?從第一層說,習知的事物與其意義,到某一限度是合一的。從第二層說,事物與其意義至少暫時分離,必待尋求而意義始得。第一層的理解,是直接而迅速的;第二層的理解,是委曲而遲緩的。

第二篇　探索思考的邏輯

多數語言裡，有兩種字表示這直接和委曲的兩種理解。例如希臘語的 Υνναι 和 ειδεναι，拉丁語的 noscere 和 scire，德語的 kennen 和 wissen，法語的 connaitre 和 savoir。至於英語，則 to be acquainted with 和 know of or about，也和那兩種說法相等的。我們的理智生活，包含著這兩種理解的互動作用。一切判斷一切反省，先起於理解的缺乏、意義的不完全。我們思考就是為了得到事實的全部意義；然而沒有若干已理解的事物，沒有一部分已掌握的意義，則思考也不可能。我們固然為掌握意義而思考，然而也因知識的增加而意義的尋求更見殷切。往往正常人以為顯豁而當然的，在有識者反覺得深奧而可疑。科學家到了一新的地方，會找出許多自己不能理解的事物；而在鄉農土著，轉以常見不察而視為當然。紅印度人在美國大都市，看到橋梁電車的機械的神奇，會視若無睹，而一見工人攀緣電桿，修理電線，卻會驚訝咋舌，所以意義的蓄積，使我們對於新問題的認知也增加；而新問題的解答，又必由於舊意義的應用。知識作用的運動，是這樣的螺旋形的。

理智的進步是一個律動

真正的知識的進步，常在於能在熟悉的事物上，發現疑難；也在於能用直接所得的意義，進而掌握著更深奧的意義。

第九章　理解觀念的本質與意義

不論怎樣熟悉的事物，只需放在一個新情境上，便會引起問題，激發思考。同時，不論怎樣新異的事實或原則，只需深加思考，也便會意義顯露，而一見即能理解。理智進步，就在於這直接理解（apprehension）與間接理解（comprehension）的互動的律動。

第二篇　探索思考的邏輯

三　事物怎樣獲得意義

　　關於直接理解的第一問題是：我們能夠直接理解的許多意義是怎樣蓄積成功的？為什麼我們看見某種事物，能夠立刻明白它的意義而視為當然？這個問題非常容易回答，由於我們對熟悉事物的理解，無形中已十分深刻。思考的能力，不難於探索所未知，而難於究明所已習。我們一見桌椅、圖書、車馬、星雲，便知道它們的意義，而難於想像它們以前也是於我們為無意義的事物，這和我們這時初聽番語，而只得到一些無意義的聲音一樣。

▍未理解前只有模糊的整體

　　詹姆斯（James）有一句常被人引用的話：「嬰兒同時受著眼、耳、鼻、皮膚、臟腑的刺激，他感覺的一切是一個碩大的、模糊的混亂（one great blooming, buzzing confusion）。」[07] 詹姆斯指的是，嬰兒的未理解的世界；其實他的描寫，在成人遇到新異的事情，也一樣適用。我們驟聽自己所不懂的外國語，只得到一團雜亂的聲音，不能辨別它的字音和字義。村民初遊都市，工人初進工廠，陸居者初試航行，不諳競技

---

[07]　見詹姆斯 *Principles of Psychology*, Vol. I, p. 488

第九章 理解觀念的本質與意義

者初臨比賽,一切都只覺得混亂。凡是異族的人,我們看來初若都是相像的;群居的羊,我們看來除大小顏色的分別以外,也都是相同的。一種渾然不辨、模糊不清的整體,乃是不理解的特徵。事物要獲得意義——或者說,我們要造成直接理解的習慣在於:(1)如何使模糊的化成明確;(2)如何使雜亂的化成連貫。

■ 實際的反應使模糊的化成明確

意義的明確性和連貫性,主要的是從實際行動得來的。兒童把一樣東西旋轉了,便知道它的圓;搏擊了,便知道它的彈力;舉起了,便知道它的重量。一種印象從別的特質能夠分辨出來,不是靠感覺而是靠實際的反應。例如兒童對於顏色差別的認知,便很遲緩,成人視為有明顯的差別的,兒童卻很難分辨。當然兒童也不是把各種顏色看成一樣,可是理智上的分辨是很慢的。紅、綠、紫等顏色並不各別引起一種特殊的反應,使每一特色顯然地分立出來。只有漸漸地,從某些事物,引起某些特殊的反應。「白」成了牛奶和糖的符號,這是他所愛吃的;「紫」成了一件衣服的符號,這是他所需要的。這樣,特殊的反應,把事物中所含顏色的特質,一個一個地分辨了出來。

又如耙子、鋤頭、犁、鍬、鏟之類,是不難分辨的;它

們各有特殊的功用。可是學生在植物學上要分辨葉的鋸齒形和齒形，卵形和倒卵形；在化學上要分辨酸素名詞語尾的 ic（酸性）和 ous（亞酸性）便不這麼容易。是知道有差別的，但差別是怎樣的？知道得明確便很難了。意義的明確，和我們平常所想的相反，由於事物功用上的分辨者多，而由於其形狀、大小、顏色、結構等的分辨者少，所以我們平常有這錯誤的看法，就因為形狀、大小、顏色等的差別，於我們現在已是這樣明顯，再也不去追求它們為什麼會明顯。其實若使我們永遠被動地靜坐在事物面前，則那些特質永遠不會從模糊的整體中分辨出來。聲音的高低強弱的差別，當然產生不同的感覺，可是若使我們對它不取不同的態度，不作不同的實際反應，則其模糊的差別，也不會在理智上辨認出來而被記住。

圖畫和語言中的例子

兒童的圖畫，也證明上述的原則。配景於兒童是不存在的。兒童的興趣，不在於事物的描繪，而在於所描繪的事物的價值。配景的方法，在前者為必要，而與後者不甚相干。後者是注重事物的特殊功用的。兒童畫的房屋、牆壁是透明的，因為屋子裡的床、椅、人是房屋意義之所在；他畫的煙囪，總是冒著煙，否則煙囪又有什麼用處？聖誕節的襪子，

第九章　理解觀念的本質與意義

畫起來會比屋子還要大，結果只好放在屋子的外面，因為襪內滿滿地儲藏著他所珍愛的寶物，他的比例尺是價值的比例尺。圖畫是價值的模擬，並不是物質的真實紀錄。學畫術者的一個主要困難也就在於事物和它的用處，已經很深地連繫在心中，幾乎不能夠將用處隨意地除外。

感覺的刺激怎樣獲得意義的明確性和連貫性，並因此而互相連繫，使其便於認識這最好的例子，便是語音由意義的獲得而成為文字。語言之所以為最好的例子，就因為成千成萬的文字裡，事物和意義須經牢固連繫才能一見一聞，即理解其意義。在我們對於椅、桌、花、樹、山、石等物質的東西，理智的認識和事物的相關，幾乎當作是原始的；但在語言文字和意義的連繫，則非逐漸而勞力學習不能得到。在對物質東西的認知上，我們還可以說是出於自然，而非由行動中學習；但在語言文字的意義的認知，則非自發語音而觀其結果，或聽他人發出語音而觀其相伴的行動絕乎得不到。

■ 意義與事物行動的背景

我們如注意兒童學習語言或成人學習外國語，就知道語音起先沒有意義的，由於使用而獲得了意義，而這使用常包含事物行動的關係。「帽子」是戴在頭上的，「抽屜」則從桌子裡取物的。因為有這事物行動的背景，單字於兒童有整句

於成人的效力。逐漸地，單字多了，能夠供給一個背景，使得事物和行動的關係，可以省去了。到了能夠說整句話的時候，他得到了語言上一大進步；更加重要的，他得到了理智上一大進步了。這時事物和行動雖不存在，但他已經能夠由它們的語言符號而思考了。等到他理解別人所構成的種種語言連綴，他便獲得了一種擴充經驗的工具。在他閱讀時，紙上的符號也有了意義；別人的經驗，與自己在時間空間上隔離得很遙遠的，也成了他的經驗了。

至於事物起先在我們的經驗上，也像語音一樣沒有意義，而它的意義要從使用上得來，要從滿足的經驗得來，正如我們前面說過，不是很容易了解。

晚上的晴空，現出一點星光。我們看了知道是星，而天文學者看了，知道那是行星、小行星或者還是恆星。他的每一認知，附帶著無數以前意義的蓄積。這涉及距離、運動速率、化學成分，涉及那厚厚的天文學書裡的一切。從一點星光到一個重要的認知，這代表著意義怎樣獲得的過程。這也指明語言文字和思考所推演而得的意義，怎樣有助於理解能力的養成；並指明語言文字（數學符號也是一種文字）又怎樣有補於思考自身的發展。

第九章　理解觀念的本質與意義

■ 手段結果的關係及其在教育上的重要

總結起來，我們可說：事物的獲得意義，由於它的被使用為達到結果的手段，或由於它的被視為尚待尋求手段以達到的結果。這「手段結果的關係」(means consequence relate to)是一切理解的中心。舉例來說明這關係，則我們理解桌、椅、衣、帽等日用事物，是從手段而達到結果的科學發明，是從結果而尋求手段的。愛迪生(Edison)憑空想像著電光的結果，蘭利(Langley)和萊特(Wright)兄弟憑空想像著飛機的結果，而要探索所需的材料和方法，便是後者的例。其實一切日常設計，也都是這樣的。我們每次要解答一個問題時，我們把事物安放在這樣的手段結果的關係上，而事物又因而增加了它們的意義。炭絲可以發光，汽油可以用於內部燃燒的機器，都是增加了新的意義的。

這原則在教育上的重要，是明顯而無待多說的。學校教育之所以不能養成理解的能力，不能收穫教育的最寶貴的佳果，便因為它沒有供給兒童諸般的「設計」(projects)，使他們自動地想出要達到的結果，或探求出能夠達到結果的手段。常規的功課和外力決定的活動即使能夠訓練技能，也不能夠發展理解。許多「問題」(problems)也還是指定功課的變相，所以僅能夠得到應用原則、應用符號的機械的嫻熟。總之，沒有要達到的結果須待手段的尋求，或沒有事物（包括

文字在內)的提示須待思考而後得其結果,則理解是無從引起的。

　　人們每易把對教材的記憶和熟悉,當作對它的理解,這是錯的。我們的結論若是沒有理解,就沒有真正地學習。

第十章
探索定義與概念的核心

一　概念的性質

上章從兩個觀點討論意義也暗示第三個觀點為本章的主題。已討論的兩點是：(1)意義當作一種疑問的可能，一個觀念；(2)意義當作事物的一種特質。在這裡我們說明白事物怎樣獲得意義，怎樣終於和意義牢固地連繫起來，使我們不會把它們分開來看。

■ 概念是確定的意義

意義的第三點是觀念於引導觀察行動以後，便經證明而成立了；以後我們不再當它是假設，而當它是可靠的工具，用以理解別的疑難的事物了。這種確定了的意義便是「概念」(conception)。概念是判斷的工具，因為它是「參照的標準」(standard of reference)；也可以稱為「標準化的意義」(standardized meaning)。凡我們語彙裡的公共名詞，可以用來判斷別的事物的，都是概念。桌、石、草、動物、月亮等等名詞，都是概念。例如「床」是一個概念，假如我們看見一樣奇異的東西，人家告訴我們說：這是某種人所用的床，那麼這東西便立刻有了確定的意義了。

第十章　探索定義與概念的核心

■ 概念使我們能夠類化

概念使我們能夠「類化」(generalize)，使我們能夠把一事物的理解，轉移於別的事物的理解。我們只要知道「床」是那一類的東西，我們便知道這個別事物是什麼東西。概念代表事物的類或屬，它節省我們不少的思考。雖然我們有時也要知道事物的個性，但在實際上，只知道它的同類或所屬，也就能夠應對那一類的思考行為習慣，應付這一事物了。概念使我們能夠利用關於同類的反應，而不必費力於個別事物的認知。

■ 概念使知識標準化

概念把知識標準化了。它使流動的化為凝固，移易的化為永恆。假使「磅」擅改它的輕重，「尺」擅改它的長短，我們還有什麼權量？我們說這包糖是兩磅重，或這塊布是一尺寬還有什麼意義？參照的標準，必須是固定的。概念是固定的意義，不因變化的關係而移易的人們有時候互相辯難，而不得要領就因為所用的名詞的意義，於無意中移易了。舊的概念的意義，當然也不是不可由思考與發明而改變；正如磅尺的制度，也未嘗不可改為公分的制度。但它們於意義既改之後，仍必須得到一種共同的確認，否則意義便淆亂了。

說人們相互理解，意指人們對於事物有共同的約定。這

表示標準化的意義，是人們傳達意思的一個條件。當兩個人說著互不相喻的兩種語言時，只要有雙方公認的意義的姿勢的表現，多少還能夠有些相互的理解。共同意義在社會生活上的必要，也就是使意義標準化的一個主要力量。意義一經社會的確定，個人的思考便能夠穩定，因為他的思想中，有一部分是固定的，「太陽」、「水」、「地球」等等的名詞，意義總是一樣的。儘管地域、時間以及其他經驗的情境不同，人們用到這些名詞，都有共同所指的事物。

■ 概念幫助我們認識未知補充所知

稍為變換我們的說法，則概念是：(1)認識；(2)補充；(3)列入系統的工具。例如天空發現前所未見的一點星光。除非我們有蓄積了的意義，以為推理之助，則星光便只是視覺神經的簡單刺激而已。有了以前經驗中既得的意義，我們便可以用適當的概念，來認識這點星光。這是小行星呢，彗星呢，新成的日呢，還是分解的星雲呢？每一概念，各有它的特質，而可以持續探究出來。結果，我們認定那星光是彗星了。用了一個標準的意義，我們把對它的認識確定了。再接下去，便是補充。凡我們已知的彗星的特質，現在雖沒有觀察得到，都可以移用於那一點星光。凡過去天文學者所知的彗星的運動和結構，都可以拿來作那一點星光的解釋。最

後，這彗星的一意義，也不是分離孤立的；它是天文知識的整個系統裡的一個相關的部分。行星、衛星、星雲、彗星、流星、星塵等等的概念，是互相照應、互相連繫的。當那一點星光被誤為彗星的時候，它已列入我們天文知識的系統裡了。

達爾文（Darwin）在自傳中說，他少年時拾到一個熱帶的貝殼，去告訴地質學者塞奇威克（Sedgwick）。塞奇威克以為這定是有人拋棄在那裡的；如果是深藏地中而發現出來的，那倒是地質學上的大不幸；因為這推翻了英國中部地層經過冰河時代的研究的結論。達爾文這樣寫著：「我很驚詫，塞奇威克對於這貝殼的發現，一點也沒有感到愉快。原來科學所最關切的，是組織事實，以獲得普遍定律。」這類例子在科學上很多，指明概念的使用，有系統化的趨勢；在科學的概念中，這趨勢是更加顯著的。

概念在教育上的重要

在不同的事項中，意義既然普遍化了，而能夠隨事應用。有了這種標準化的參照點，我們遇到新異而未知的事物，便可以得到它們的認知。這種概念，在教育上的重要，我們是不憚重言以申明的。

兒童當然不能獲得與使用成人所用的同樣的概念。可是

在他的發展的任何階段上，課業要有教育的作用，便必須有印象與觀念的相當的概念化。沒有這概念化，則得不到可以移用於新經驗的理解的知識。理解的蓄積，是最緊要的。任何暫時的濃厚的興趣，不能補償這理解的蓄積的缺乏的。

可是概念的重要，曾使人陷於教學上的錯誤。以前所述論理的方法，即根於一種信念，以為概念可以現成地提示而被吸收，使得學習敏捷而有效。它的結果，是忽視了構成概念的主要條件，而只傳授了文字的符號。和兒童理解與經驗隔著很遙遠的概念，又常常使兒童的理解更加混亂。

實驗學校對於這種方法的反動，卻又趨於另一極端。只供給許多有價值的實際經驗與活動，而絕不注意於這些活動，要有教育的作用，則絕非徒取娛樂於一時，而必求經驗的理智化，這理智化，即確定的、普遍的意義的蓄積。理智的教育和經驗的理智化，不過是一句話的兩種說法。經驗而不能有意義地增加，不能有理解地深化，不能使後來的行動有更明確的計畫和目的。總之，經驗而沒有觀念，那經驗又有什麼用處？所以教學上的問題，沒有比構成概念的問題更重要的了。我們現在專討論這問題。

二　概念的構成

■ 概念不是由闡述事物的共同性質而得來的

我們可以從消極方面，從普通對於概念的錯誤的看法說起。概念並不起於比較已有確定意義的事物，從而去其所異，取其所同。而普通人以為兒童從個別的狗，得到「狗」的概念，便是那樣比較去取而得的。例如他有自己名為 Fido 的一隻狗，又看到鄰家的 Carlo，又看到親戚家的 Tray；他分析牠們的性質，如顏色、大小、形狀、腿的數目、毛的長短、所飼的食物等等，然後去其性質的相異的（如顏色、大小、形狀、毛的長短）而留其相同的，即四足而家畜的動物。這樣，他便得到了「狗」的概念。

■ 概念起於經驗

在實際上呢，兒童的概念，是從一隻狗的意義而開始的。他從對於這一隻狗的經驗，而移其關於狗的特質的預期於後來的經驗。任何動物，出現於他的面前的，都會引起這種預期的態度。他會把貓喚作「小狗」，把馬喚作「大狗」；等到他所預期的特質在這裡並不相符，他才不得不從他所有的

狗的意義中，去掉一部分，保留一部分。然後再以這意義，應用於別的動物，則狗的意義，更加確定而精密了。兒童不是從許多已確定的事物中，闡述其共同性質而成為概念的，他是以舊經驗的結果，試用於每一新經驗，幫助對於這新經驗的理解的。

概念因使用而更確定

兒童關於每一隻狗的觀念，在開始並不是明晰而確定的。如果他所知道的狗，只有一個 Fido（如果他所知道的動物，只有一個 Fido），他所得的 Fido 的觀念，是含糊的、游移的，他只有透過觀察家裡的貓，才能夠漸漸辨別狗和貓的特質。再漸次及於別的動物，如馬如豬的觀察，他對於狗的特質，才更加辨別得確定。這樣，他的「狗」的概念，即使沒有 Fido 和其他狗的比較，也就構成了只要他從 Fido 的特質，而知道牠是狗，不是貓，不是馬，不是別的動物，他就得到了一個參照點，以理解和辨別動物了。在這全部過程之中，他以自己經驗的階段上所有的含糊的觀念，試用於凡與狗相類的一切動物，可以應用的時候，便應用了；不可以應用的時候，他就注意到各種相異的特質。他的「狗」的觀念，是依著這樣的過程，而明晰，確定，成為一個概念的。

第十章　探索定義與概念的核心

■ 概念因使用而能概括

　　概念的具有概括性，也依著同樣的過程。其所以為概括，是由於使用，而不由於內含的成分。凡以概念為起於一種不可能的分析的人，同時也以為它成於分析後所得共同性質的一種綜合。這當然也是不對的。一個意義一經獲得，便成為理解別的事物的一個工具。從對別的事物的理解，這意義因而擴充和確定。概括性起於觀念在新事例的理解上的應用，不在於它的內部蘊含。無數事物中所列舉出來的共同性質，還只是一個列舉，而不是概括。任何性質，可以用來理解新經驗的，就因為這使用，而成為概括的。

　　以上所說的意思，可與我們以前關於分析綜合的討論（見第八章）相比照。凡賦予觀念以確定性而使成為概念的分析，實在只是一種選擇，一種注重，把可以解決疑難的線索加以注重而已。如果兒童遠遠看見一個動物在搖尾而得知牠是狗，那麼，搖尾的這一特質，此前沒有意識地選拔出來的，現在是明晰地分辨出來了。這種例子，和動物植物的科學的分析，也只有一點分別，就是後者更著重於可以認識最多數事物的線索的尋求；科學家更急於即使事物出現於異常的情境中，隱蔽的形式下，而依然能夠理解同類事物的符號的探取。說所選擇的特質，已經明白於心中，而後與別的同樣明白而確定的特質分辨開來，那是先後倒置的說法。一種

特質,之所以能夠有前所未有的明白,正以其被選擇而用為一個線索。

分析使觀念明白,綜合使觀念擴充而概括。綜合是與分析相連的。任何意義,一經辨別確定,我們的心智,便立刻注視其可以應用的事例。在應用中,原來在意義上分離的,現在融合了,認識了,而歸之於一類。小孩子學會了一個字的意義,立即會把它使用起來;得到了「圓柱形」的觀念,立即會把它移用於火爐的鐵管、木頭之類。這其實和牛頓(Newton)的萬有引力概念的構成,在原則上並沒有分別。牛頓從蘋果落地所暗示的引力的觀念,推廣於月與地球的關係,又及於行星與太陽的關係等等。在這一觀念的應用中,原來被認為許多孤立分離的現象,現在融合了,而成為一個系統:這就是理解上的綜合了。

如以綜合限於像牛頓那樣的概括的原則那就是一大錯誤了。任何人移用一事物所得的意義於前所認為不同類的事物上,都是綜合。小孩子注水於空瓶中,而有起泡的聲響,因而想到空氣的壓力;後來看到水的吸引,船的航行,都想到這一觀念:那便是綜合。把不同類的東西,雲、草、溪、石納入一幅畫圖,也是綜合。把鐵、錫、汞歸入礦物的一類,也是綜合。

三　定義與分類

■ 意義含糊的弊害

　　沒有理解能力的動物，固然沒有理解，至少也不會誤解。人類既然會以推論判斷而取得知識，它的理解，卻常有陷於錯誤的危險。而錯誤的理解，常起於意義的含糊。我們對於人和物都有自己的理解，因為意義的含糊，便會錯誤；因為意義的歧義，便會歪曲。有意地歪曲意義，可因謬妄為談笑之資；顯然的錯誤意義，也不難指出而摒棄不取。獨有含糊的意義，過於糾纏，不好分析；過於纖弱，又不好證明；所以最易逃避它所應得的實驗和責任。意義一旦含糊了，我們無意間會把不同的幾個意義，互相混淆，而且指甲為乙，自掩其沒有正確的意義。這是論理上一種原始的罪惡，為多數不良的思考結果的起因。要完全消滅這種意義的含糊，是不可能的。要減小它的程度，減弱它的力量，則有待於我們的誠意和努力。

■ 意義的內涵與外延

　　意義要明晰，必須界限確定，內涵具足。這種意義的個別化，術語謂之「內涵」(intension)；它的表述，謂之「定義」

(definition)。「河」、「人」、「誠實」、「法院」等名詞的內涵，便是專限於這些名詞的獨有的意義；而定義則把這獨有的意義表達出來。

意義的明晰不明晰，看它能不能表示一類事物，而截然有以別於它類，尤其是相似的它類事物。例如「河」，必須可以表示萊茵（Rhine）、密西西比（Mississippi）、亞馬遜（Hudson）諸河，不管它們所在的地域，河流的長短，或水的性質的差異；同時必須區別於海流、湖沼之類。這種意義上的界別，謂之「外延」（extension）。

定義表明意義的內涵，「分類」（division）表明它的外延。內涵與外延，定義與分類，顯然是相連的。內涵，所以認識個別的事物；外延，所以認識同類的事物。外延而不指及個別事物，則意義是空洞的；內涵而不聯結到同類事物，則意義是孤立的。

這兩者合起來，使我們有明晰確定的個別事物的意義；也使我們了然於事物的類別，而使意義得到了組織。任何一類的經驗的意義，明晰確定了，而可以作為類別經驗的原則的時候，就成了一種科學；換句話說，定義與分類乃是科學的表徵。

三種定義

定義有三種：(1) 指示的 (denotative)；(2) 說明的 (expository)；(3) 科學的 (scientific)。第一、第三種，在論理上是重要的，介於其間的第二種，尤有社會上，教學上的重要。

(一) 指示的定義

盲人對於「顏色」和「紅」的意義永不會有充分的理解；能視的人，要得到這理解，也只有於某些事物的經驗中，被指示了而注意它們的顏色的特質。引起對於事物的某種態度，因而確定它的意義的，謂之指示。關於感覺的特質——如聲音、嗅味、顏色——以及一切情緒的、道德的特質，都須以指示而確定意義的。「誠實」、「同情」、「仇恨」的意義，只有從直接經驗中，才能掌握教育者要矯正文字和書本的訓練的弊病；只有要求個人對直接經驗的重視，人們的知識和科學訓練，無論怎樣高深，其對於新事物（或舊事物的新方面）的理解必定是由於事物的直接經驗或想像經驗的。

(二) 說明的定義

直接經驗中所確定的意義既蓄積了許多，我們便可以用語言以構成想像的錯綜變化。一種沒有見過的顏色，我們給

它介於綠與紫之間的定義;一種沒有見過的動物 —— 虎 —— 我們選擇貓類的特質,再加上別的已知的事物的大小,輕重等觀念,而給牠一個定義。凡「舉例」,皆是說明的,定義字典上的文字的意義也屬於這一類。我們把理解較切的意義,這樣連繫變化起來,則社會裡所有的意義的蓄積,也就可以供我們使用了。不過這種定義,既是間接得來,又為習俗所限,它的危險,便是不能引起直接經驗的探求,而易於成為觀察實驗的替代。

(三) 科學的定義

即使是通俗的定義,也可以作為認識和類別事物的原則。可是這種認識和類別是實際的,而非理智的。把鯨當作魚,不礙捕鯨者的成功,也不礙觀鯨者的辨認。但科學上不把牠當作魚,而說是哺乳類的動物,這在實際行動上還是同樣有效,而在科學上的認識和分類,卻又有了更可寶貴的原則了。通俗的定義,選擇明顯的特質,以為分類的準據。而科學的定義,則選擇因果與產生的條件為特質。適俗的定義所用的特質,不能使我們理解一種事物為什麼有它的共同的意義和性質,只說明這事物有此意義與性質而已。至於因果與產生的定義,則確定事物的所由構成,顯示它為什麼屬於某一種類;這種定義是以產生為準據,而解釋它為什麼有那樣共同的性質的。

第十章　探索定義與概念的核心

　　例如我們請一位很有實際經驗的常人，來給金屬一個定義。他大概會用認識金屬以及使用金屬的工藝中所辨別的金屬的特質來作答。光滑，堅硬發光，重量，這些特質是我們感覺所辨別的，他一定會列舉出來；就是可以錘鍊、可以熔化、保持形狀、抵抗壓力等性質，他也或許會說到的。可是科學的定義，卻並不採用這些特質而別有一種確定意義的基準。金屬在科學上的定義，大概是這樣：它是能與氧化合而成一種鹽基的任何化學的元素。這個定義，不基於金屬的可以直接知覺的特質，或它的直接的功用，而基於事物間的因果關係上；就是說，這個定義所指示的是一種關係。

　　今日化學的概念，愈益表示物質相互作用的關係了；物理的概念，也愈益表示物質運動的關係了；數學的概念，表示形數共變與秩序的關係；生物的概念，表示物種演變與對環境適應的關係；推之於其他科學的概念，莫不如是。總之，概念能表示事物彼此的關係，而不表示其性質，則概念才能得到確定性和普遍應用性。科學概念的理想，在於使任何事實和意義，在轉化而為其他事實和意義之中，保持其連續、自由和活動；而我們如果能於事物變化的過程之中，掌握住它們的動的連繫——理解它們的因果和產生，則那個理想，也就實現了。

第二篇　探索思考的邏輯

第十一章
控制事實與證據

一　方法是事實與觀念有意的試證

　　凡判斷、理解、概念，皆是反省思考中的附屬單位；而反省思考的目的在於將一個疑難的、紛亂的、不定的情境轉化而為一個融合的、明晰的、確定的情境。我們在討論判斷、理解概念時，除引申第六章所舉的三例和第七章所述的分析以外，並沒有提出什麼新的原則。現在我們重新回到反省思考的過程，用我們前三章所得的知識來討論嚴密的思考方法。在第六章的第一節，我們了解到反省是在事實與意義相互連繫中對它們進行探索的一種作用。每個新發現的事實、發展與試證改變一個觀念，每個新觀念與觀念的新方面，也可以發現出新事實，進而改變對事實的理解。

　　因此，我們的討論有兩方面。一方面關於蒐集和試證事實，作為推論證據的方法，控制觀察和記憶的方法。另一方面關於獲得觀念，作為說明事實、解決問題、應用概念的方法，這兩種作用是相伴的。事實的選擇和辨別愈進步，有效的觀念便愈有線索可尋；觀念的產生愈進步，新的事實便愈有途徑可得。

第十一章　控制事實與證據

■ 系統方法的需要

　　思考從事實變成觀念，又從觀念回到可以證明觀念的事實，在這過程中，系統的方法是必要的。沒有適當的方法，一方面，我們會輕率地接受最先見的事實，不問其為真的事實與否，或即使是真的事實，不問其與推論有關與否。另外一方面，我們會輕率地接受最先得的觀念，認為這個觀念就是結論，不問證據的充分與否，便將這結論貿然應用於新的事實，而不問這些事實可以證明這結論與否。思考在複雜的問題上，在獲得概括的原則中，要避免這種錯誤，因此系統的方法尤為必要。

　　試舉一例，以說明發現事實以證明觀念，運用觀念以解釋事實，怎樣相伴著進行。

　　某人出外的時候，房間裡是井然有序的，等到回來看見一室紊然，器物凌亂了。他的第一觀念便是遭到了入室搶劫，他並未見到什麼賊，這只是一個觀念。室內的凌亂是事實，有賊來偷竊是一種可能的解釋，前者是確定的，後者只是一種推論。說到賊，他心裡也沒有想到任何個人，只是不確定的一類人而已。

　　最先見的室內凌亂的事實，並不能夠證明是失竊。失竊的結論或許是正確的，但證據並不夠充分。他所看見的全部事實，可以說太多也太少。太多是因為其中有許多方面與推

論並不相關；太少是因為推論所需的證明又並不顯著。因此，他需要進行探索相關的事實了。如果跟著失竊的結論，他還要知道偷竊的犯人是誰，捕獲犯人的方法是怎樣。如此這般，事實的探索顯得更加有必要了。

■ 觀念所引導的觀察是有價值的

這種探索需要一個引導。否則，散亂的尋求只會徒增散亂的事實，如果沒有思考的條理，困難必更甚於前了。問題在於：哪一個是可以作為證據的事實？這種證據事實的探索，最好是先有一個假設的觀念或臆說作為引導。這樣，這人就想出了幾種臆說。除了失竊以外，或者家裡有人在匆忙中找尋器物，沒有把它們布置得井然有序；或者家裡的孩子們在玩耍中把器物弄成這樣凌亂的狀態，每個臆說都經過推演。無論是失竊，抑是家人的匆忙或兒童的玩耍各有其所應有的特殊事實以為證據。倘若是失竊，那麼必有貴重東西的遺失，跟著這個觀念的引導再去探索，這樣一來就不是觀察情境的全部，而只在一點上作分析的觀察了。一旦看到珍貴的首飾都不見了，銀器也都損壞折斷了，這些事實就與失竊的臆說相符。再看到連窗戶都有曾被打開的痕跡，這就更能證明是失竊了。在尋常的狀況下，這種證據已夠充分，如在十分非常的狀況下，也只有再想出別的可能，再找尋別的事

實。這個是日常生活中的例子。至於科學的方法,也不過以特殊的工具器械與精密的數學計算,把同樣的過程進行得更加嚴密罷了。

二　方法在判斷事實中的重要性

　　臆說的構成是間接的。從根本上來看，暗示的出現不出現，在於個人文化知識的程度如何，理解能力與經驗怎樣；也在於最近的活動是什麼，在若干限度內，其實也與偶然的機遇有關。最重大的發現與發明，幾乎都是偶然的，當然沒有特殊的興趣與長久思考的人，絕不會有這樣偶然的幸運。所以暗示的出現，不論為智為愚，是不能直接控制的。我們所能控制的是有了思考的習慣以後暗示的接受和使用。

　　最主要的控制方法在上一個例子中我們提到過。那個人就情境的全部加以複核分析，而使例子裡的事實明晰確定。他要把所得事實轉化為證明他臆說的事實。臆說的證明是探索與暗示相符而與其他臆說相悖的特點。他所要探索的就是臆說所應包含的特點。理想狀況下，當然是恰巧只發現了這些特點。但一般事實上，這種完備的證據是罕見的，我們只能用科學研究上最好的控制觀察和材料的方法求得最接近真實的證據。

▎觀察與思考的相關

　　觀察既不與思考對立，也不與思考分離。觀察（思考的觀察）至少占了思考的一半，另一半則屬於多數臆說的推

演。在思考的觀察中,最明顯的特點常需視為無足輕重;而最隱蔽的特點,反而是要發掘出來予以特殊重視。

以醫生的診斷為例。他如果受了系統的訓練,絕不以表面現象,輕率地陷於一個判斷,他觀察所得的,有若干明顯的事實,但作為證據,最明顯的或許是最歧誤的;真可以作為證據的事實,只有憑專家所用的器械與技術,經過長久的檢查後才能得到。就明顯的症狀而言,這病或許是傷寒,但醫生必竭力避免這結論,避免任何結論的偏向,而要擴充事實的範圍,也要追求事實的精密。他問病人患病以前的感覺和行動;他用手(或器械)診察著病人自己所感覺不到的症狀;他注意到病人的體溫、呼吸、脈搏;他把時時的變化也詳細地記錄下來。如果不做這種檢查,把症狀的範圍放大,性質精密確定以後,他總是懸而不肯斷定的。

科學方法的規範性

總之,科學的方法所包含的,是以概念和理論構成上的便利規範的事實觀察和蒐集的種種方法,它們的共同特點是把可以試證臆說的正確事實列舉起來,這包含:(1)以分析的方法排除歧誤而無關的事實;(2)以蒐集例證和比較的方法顯示重要的事實;(3)以實驗的方法構成可為證據的事實。

（一）排除歧誤

　　我們常說，人們應該會辨別觀察所得和推想所得的事實（通俗地說，辨別客觀和主觀的事實）。認真說來，這句話是難於實行的。因為凡觀察所得的事實，中間已藏著不是感覺得到的推想，如把這些全部除去，所餘便沒有什麼意義了。例如甲說：「我看見我的兄弟」，這裡「兄弟」這個名詞表示一種關係，非感覺所得，而為推想了。假如甲只說：「我看見一個人」，這裡分類的標準，雖較含糊，而推想還是依然存在。最後，甚至於只說：「看見一個有色的東西」，則意義更含糊，然而還是有著推想所得的關係的。

　　在理論上，甲可以僅有一種異常的神經刺激，而並無事物的存在。可是觀察和推想的辨別，在實際生活上卻是一個很好的教訓。它的要旨在於使人排除根據經驗得到的最可能出現錯誤的一些推想，這當然也是相對的。在常態之下，「我看見我的兄弟」這一判斷，不會有任何錯誤的可能。真的像我們這樣分析起來，那是學究可笑的事。可是在其他狀況之下，甲到底看見了一個有色的東西沒有，或只是視覺神經的一種反常刺激，也有可能是個問題。科學家深知輕率判斷的可能，又深知輕率是由於自己把意義附會當前情境的習慣，所以對於一切從自己興趣、習慣和流行成見所產生的錯誤，防範是不遺餘力的。

科學研究的技術在於排除輕率附會意義，客觀決定事實的各種方法。發紅的臉頰表示體溫的高；灰白的臉，表示體溫的低；這是輕率推想出來的。而科學家必用熱度表以精確測量體溫高低的度數，校正自己根據習慣推想出來的事實，一切幫助觀察的儀器（量表、鏡子等）都能幫助我們排除習慣、偏見、情緒緊張、流行成說所引起的錯誤推論。一切紀錄的器械（照相機、留聲機、波形記錄器、光子計算機、地震機等）又給予我們永久的記載，以便別人隨時可以查詢。通俗地說，事實是客觀的而不是主觀的，因為習慣、欲望、偏見等輕率的判斷已經排除乾淨了。

（二）蒐集例證

第二個重要的規範方法是例證的充分蒐集。要判斷一輛車所載穀物的品質，一撮是不夠，我們便從所載穀物的各部分，隨意多掏幾撮出來比較，品質是相同的那便很好，否則我們需要再取幾撮，而把它們混合起來作為判斷品質的根據。科學的方法不依據少數例證，而依據多數充分的例證構成結論，這是一個粗淺的例子。

這一方法經常被使用，常被稱為「歸納」(induction) 的方法。人們常以為在控制的推論中，同樣的事例的蒐集和比較是一個主要的因素。其實這種蒐集和比較是為了要獲得在一個事例上的正確的結論；在獲得結果的過程中，它只是第

二步的發展而已。從一撮的穀判斷一車穀的品質，這已是歸納了；如果一車的穀是品質完全相同的，這也已經是正確的歸納了。所以再多取幾撮，多抽數樣，無非要保證這歸納的正確而已。同樣在失竊的例子中，結論所根據的也只限於那一個事例。如這一事例還有許多疑難，那麼，我們才會檢查別的同類的事例作為比較，並非另加什麼科學方法，無非使推論更加縝密更加正確而已。事例的增多，目的在於選取有關的事例，以證明在一個事例上所得的推論。

事例中相異與相同一樣重要

因此在事例中，異點和同點是一樣重要的。沒有「差異的比較」（contrast）、「類同的比較」（comparison）在論理上也就沒有多少價值了。如果增加的事例完全相同而重複，這樣一來就一個事例而推論，所得何在？所取的穀樣，如果出現車中各部分穀物的品質並不相同才重要，否則怎樣得到品質的正確判斷呢？〔在論理學書籍裡所謂「類同法」（method of agreement）應該和「差異法」（method of difference）互相連合，變成「同異聯合法」（joint method of agreement and difference）才有論理上的用處。〕如果我們要使兒童對於種子抽芽作一規範的推論，我們僅示以相同的例子，並沒有多少益處。假使我們把一粒放在沙中，一粒放在泥裡，一粒放在吸水紙上；這各例中有無水分的條件，便把獲得結論上所需的主要事實

顯示了出來。總之，觀察者如果沒有將事例中相異點推至可能的限度，沒有將相異之點和相同之點予以同等的注意，則所得的事例就不能充分證明他的結論。

科學家對於否定事例的注重也是這個道理。凡和論點大同而小異的例外看得很重要，在科學上是有種種觀察和記載的技術的。達爾文說過的，因為害怕忽視了和自己所概括成功的原則相反的事例，他的習慣是不但要繼續尋求相反的事例，並且為免遺忘，一有所得，一定記錄下來的。

(三) 實驗

我們已涉及這一最重要的規範方法了。在理論上，一個事例只要是適當的，便可以作為推論的根據，和一千個事例也一樣。但在事實上，這樣適當的事例，並不常見而很少自然地發生。我們得去尋求，得去構造。如僅以所見的事例（不論少或多）而言，其中和當前問題無關的部分很多，而最有關的事實卻神隱了。實驗的目的在於根據預先設定的計畫，採取有規則的步驟構成一個可以解決當前問題的代表事例。凡控制事實的方法，都是觀察和記憶的條件控制，實驗不過是使這種控制最充分而已。在實驗裡，我們試把觀察的每一因素，以及觀察的方法和總量都顯露出來。顯露的、精確的觀察方法就是實驗的方法。

這種觀察優於等待事物自然產生的尋常觀察。尋常觀察

遇到的事像是罕有的、隱微的（或強烈的），又有不能變換觀察的困難，而實驗把這三種困難都克服了。傑文斯（Jevons）在所著《基礎邏輯》（*Elementary Lessons in Logic*）裡，把這三點說得十分明白。

他說：「我們在實驗室裡，任何事實如果任其自然發現，可能得要等待數年或數百年。現在所知的化學元素以及非常有用的產物，如果等待它們的偶然呈現，則多數或許永遠都不會被發現。」

這是指自然界中，有些事實不管怎樣重要，都是罕有的。下面說到某種現象隱微而為尋常觀察所不能及：

「電在任何物質任何時間都存在著；古代人在磁石上、在閃電中、在北極光的出現、在琥珀的摩擦中也未嘗不可觀察電的作用。可是在天空的閃電現象太強烈；在別的例子裡又太隱微，使得古人不能得到正當的理解。如果我們沒有從電池或發電機得到便利的電供給，則磁電的科學是不能夠前進的。電所產生的效果，多數在自然界裡是可見的，只因過於隱微，導致不易察覺了。」

以下再說到尋常經驗中，現象是固定的；非在變化的條件下，這種現象是無法理解的：

「碳酸通常是從碳的燃燒而產生的氣體，但在高度壓力或低度氣溫的條件下，則變成了液體，甚至可以變成雪花似的

第十一章　控制事實與證據

固體。其他許多氣體，也同樣可以變成液體固體。這使我們相信，如果能將壓力和氣溫的條件進行變化，任何物質能夠有固體、液體、氣體三個形態。尋常的觀察，卻使我們假定物質的形態，是固定而不可轉變的。」

要詳細說明各種科學所發展的分析和顯示事實的方法，怎樣避免任意或慣例的暗示，而得到正確和普遍的原則方法，這將寫成多卷的書。這些方法有一個共同的目的，即觀念構成的間接控制。而大部分，也不外乎上述三種選擇和蒐集事實的方法的錯綜應用了。

第二篇　探索思考的邏輯

第十二章
掌握推理與概念的關係

第二篇　探索思考的邏輯

一　科學概念的價值

　　我們已注意到：為選擇可充證據的事實而控制觀察和記憶，全靠平時有累積的概念。在室內器物凌亂的例子中，那人如果沒有失竊的觀念，則遇到這種情境一定茫然得和小孩子一樣。概念是理智的工具，運用於知覺記憶的材料，使其隱微地明著，牴觸地調和，散漫地完整。在醫生診斷的個案中，平時學識的用處更加明顯，更加完全了。以已知求未知本是老話，已有的理解、已定的意義和概念名異實同。所以概念構成的控制是十分必要的。

■ 系統在概念中的重要性

　　概念怎樣起源以前已經說過。現在要討論的是用什麼方法，使概念得到有規則的連貫的發展。

　　沒有列入系統的概念，可用以認識日常經驗的事物。例如「狗」，雖然還沒有列入動物學的概念系統裡，也可用以認識一種四腳的動物。但沒有一系列的概念，如「狼屬」、「脊椎類」、「哺乳類」以及哺乳動物和「魚類」、「爬蟲類」等的關係，而只有一個「狗」的概念，動物生活上的其他問題是不能夠解答的。

第十二章　掌握推理與概念的關係

　　概念連繫而成為一個整體的重要,可以從我們表示前提和結論關係的文字上看出來。(1)前提稱為「基礎」,是用來「支持」結論的;(2)我們從前提「下推」而至結論,又從結論「上溯」而至前提,如一條河流,我們可以尋找它的源頭一樣,結論可以說是「發源」於前提的;(3)結論這一名詞,就表示是將前提中的事實,總結「包含」起來。我們說前提包含結論,結論包含前提,便是說推論中的各元素綜合而成一整體。

　　通俗的概念,例如「狗」是根據感覺所得事物的顯著特質這種概念,是不能夠推演得很遠的。如用以概括許多表面相同的事例,便容易錯誤。以「蝙蝠」為「鳥」,以「鯨」為「魚」,便是例子。通俗的概念,不但有歧誤的可能,而且距科學上基本的概念(電子、原子、分子、力等)落後得很遠。而促出發現、發明和自然控制的是這些科學的概念。

■「量」概念的價值

　　自然科學上一個很大的成功,是憑著數學的概念,觀察和解釋自然的現象。我們可以從通俗概念上,把紅、綠、藍等歸入「顏色」這個概念。可是只有用了「波動速率」的概念,我們對於顏色,才能作更正確,更廣遠的推論;才能把顏色的現象和表面上毫無關係的現象,紅外光、紫外光、放

射性、聲音、磁電等連繫起來。用了量的概念，我們才能夠不理會那妨礙推理的「特質」的分別，而從「數量」的分別，把事實的連繫推至極限。

每一種科學各有特殊的概念

每一種科學，不論地質學、天文學、動物學、化學、物理學、數學以及數學的各部門，它們的目的在於構成自己特有的概念，作為理解特定現象的金鑰。每一種科學各有它們特有的意義和原則，在一種條件下，一個原則又包含著其他原則。有了這樣的概念系統，相同的意義的互相替代變成了可能；推理也不限於個別的觀察，而可以從所暗示的原則，推演到很遠的結果了。（定義公式分類是確定和推演意義的方法，是闡微決疑的工具，而不是小學教育中認為的目的。）有了這樣的概念系統，原來的形式並不能適用於一種情境的一個概念，解釋了它內含的意義，便可以應用。例如真空中水和水銀的上升可以用作重量的概念，這樣空氣就有重量的含義解釋了。這種含義的解釋使概念的應用增加，節省了不少的精力。

概念遊戲

概念構成了各個學科裡專家的一種專門的學問。不問當前或較遠的實際應用如何，而窮究概念的論理關係和內含的

第十二章 掌握推理與概念的關係

意義成了一樁理智的樂事。例如數學家在推究幾個概念的關係中，發現了新的關係，而綜合成一個系統的時候，他得到無限的美感和喜悅。人是有所謂概念的遊戲的。

這種遊戲，可以比任何玩耍都更有趣。凡不能對於概念自身產生深刻興趣的人，從來沒有在科學或哲學上卓然成為一個思想者。兒童也能夠有這種觀念遊戲（只要觀念在他們理解的範圍以內），這是常人所不相信的。只是因為外力壓抑的功課，這種能力被弄得遲鈍了，他們連繫觀念的遊戲，是被壓抑而成為晝夢和幻想的。學校裡創造性的作業，如寫作、繪畫和其他藝術，它們的價值就在於養成意義連繫的遊戲。

■ 概念需要最後的證明

概念雖然可以脫離直接觀察而單獨發展進而推衍觀念；以明其關係的習慣，又為科學的進步和高深的理智培養所必需，然而概念最後證明可以直接觀察和實驗的事實。推理可使觀念豐富，而不能決定它的正確性。只有於觀察所得的事實，與推理所得的結果完全相符的時候，我們才能接受這推理的結論。總之，完成的思考以具體觀察始，也以具體觀察終。演繹方法的教育價值，在於成為發展新經驗的工具。

第二篇　探索思考的邏輯

二　在教育上的重要應用

　　以上各點,在討論教學方法上,意義便更加深刻了。我們在第七章的開頭,就說明事實與意義、觀察、概念的相關性。而大部分教學方法錯誤的地方在於將這兩者分離。在這分離中,事實成了文字知識,成了機械的、不融化的死物;觀念成了空洞的、無裨理解的幻想,除了學校以外,找不到它的用處。

■ 事實與意義的隔離

　　在幾種學科上和多數教材上,兒童只是淹沒於瑣碎事實之中。這些片段的事實是以傳遞和權威被接受的。即使在所謂「實物教學」裡,觀察到的也還是片段的事實,從來沒有想到事實的作用和怎樣發生,單純以關係來解釋。徒然把事實原則填滿兒童的記憶,希望他們將來有一種幻術把它們變得實用,這怎樣會有可能?反之,原則的孤立記憶也和事實的孤立記憶是一樣,即沒有用原則理解具體的事物,或引起其他推演的意義,這些原則的死記憶,還不是和片段的事實一樣的無用?

　　高等教育裡的實驗室作業和初等教育裡的實物教學相

同,孤立的課題使學生「只見樹木,而不見整個的森林」,只見零碎事物和性質,而不見其在整個關係上的意義。在實驗室裡學生只忙著科學標本和儀器的使用,而不問使用的理由,不了解使用儀器只是解答問題的方法。沒有推理,事物的連繫關係不會顯現,沒有連繫關係的顯現,學問便成了雜貨廢料的堆積。

不繼之以貫徹的推理

即使把各部分的事實歸列於一個整體,也常是匆忙地給學生一個含糊的觀念,而沒有從容地使他理解事實以怎樣的關係組成這個整體。我們說,學生已「大約地」知道歷史、地理等事實的相互關係了:「大約」即「含糊」,學生依然沒有明確的理解。

即使讓學生根據個別事實而構成一個概念,也並沒有用力去使學生繼以充分推演,而看出它多方面的關係。學生所猜想的,對便對,不對便拒絕,就完事了。如果有貫徹推演的需求,也便由教師負擔了這責任,殊不知思考的全程,需要臆說者負責推演臆說的含義,以觀其是否符合當前的事實。現在教課雖避免了機械技能的學習、傳遞的事實、原則的記誦,而又趨於另一個極端,在引起學生自發的思考以後,教師又取代了學生自己應做的推理過程。這樣,只是啟

發了學生暗示,而不加以指導和訓練,沒有使暗示進階到推理的階段,而使它完成。

在別的學科和教材上,推理的階段又是自成單位而陷於孤立的。無論把推理放在教學的開始或終結,這種孤立都是錯誤的。

以演繹開始而使演繹孤立

最普通的錯誤,便是一開始就是定義、原則、分類。這種方法被一般教育革新者攻擊,用不著再多贅述。在論理上,它的錯誤在於不先使學生知道所要定義分類的個別事實,就教以定義分類。但是革新者又矯枉過正,批評一切定義、原則和分類;其實想要改變的,只限於沒有具體經驗的相連、無用和阻礙思考而已。只要能夠刺激思考,有時候放在開始也是適當的。

概念與引導觀察隔離

定義原則而不應用於新的具體的事例,這是以推理放在終結的錯誤。推理的終結,在於融合和理解新事例上的應用。沒有這些應用,任何人不會充分理解他所學的原則。教師和學生往往滿足於幾個僵化的先例,而不引導到新事實和意義的觀察試證,這樣,原則還是死的,是僵化的。

第十二章 掌握推理與概念的關係

▋ 不供給實驗

變換一種說法，思考的全程必須包含實驗，以原則應用於新事例上的證明。學校迎合的科學方法是遲緩的。在科學方面，有效的思考只有用實驗方法才有可能產生。現在中學和大學裡，對於這種方法非常認可。但在小學裡，一般人還以為兒童的自然觀察，輔以傳遞的知識材料，便足以引導理智的發展。當然，我們並不是拘於實驗的名詞，更不是必需複雜的儀器。不過人類的全部科學史證明，沒有改變自然情境活動的進行，就沒有有效的思考條件。書籍、標本、實物只有被動的觀察，沒有用於這種活動中的，也不能供給這個條件。

革新的學校所犯的錯誤也已經說過。不斷的實際活動即使是任意而散漫的，也被當作實驗。然而真正的實驗，必包含一個所要解答的問題；活動也必有觀念以為引導而後有目的。

▋ 不總結成果

這種學校，還有一個錯誤，便是忽略了時時查核所行所知而總結所得到成果的必要。活動所希望的結果是什麼，所有材料和動作是否能達到這個結果：這需要時時檢查，步步回顧。正因為概括和組織，不放在開始，放在活動進行之中，所以更需要這種結果的總結，否則鬆懈和散漫的習慣便養成了。

第二篇　探索思考的邏輯

第十三章
從經驗思考到科學思考

一　何謂「經驗的」

　　我們日常的多數推論，凡沒有經過科學方法規範的皆屬經驗的；那就是說，這種推論是依據過去經驗中符合而得到預期的習慣。凡兩種事物的相連，如雷和電，其一的產生，便使人期盼著其二的續至。這種相符、相續、連續，亙古不變，則人的預期便成為一種信念，從其一而推論其二了。

　　例如甲說：「明天大概要下雨了。」乙問：「你怎麼知道？」甲答：「因為日落的時候天空非常低暗。」乙再問：「這和明天下雨有什麼關係呢？」甲說：「我不知道，但平常日落時天空這樣低暗，總是有雨的。」這人不知道兩種現象間客觀的關係（任何定律或原則），他只從兩個事實反覆的連續，以其一的暗示，而得到其二的聯想罷了。另外一個人，看了晴雨表，說：「明天會下雨。」如果他也並不理解水銀升降和氣壓變化的關係，氣壓變化和晴雨的關係，則他的推論也還是經驗的。當人類生活在狩獵、捕魚、游牧的時代，氣象變化的觀察是很緊要的，民俗中間的許多歌謠是這樣產生的。但這種氣象的預測，只根據現象的相連，而沒有為什麼和怎樣相連的理解，所有信念，完全是從經驗得來的。

第十三章　從經驗思考到科學思考

■ 經驗的思考是有用的

同樣,古代東方的哲人雖不理解天體運行的定律,而透過反覆地觀察,能夠預測日、月、行星的地位和日月食等都非常正確。在不久以前,醫學也大部分是這樣,某種症狀,大概可以用某種藥品得到某種結果,也只是從經驗得來的推論。我們今日關於個人和群眾的心智行為的多數信念(心理學與社會學),大部分還是經驗,以推理著稱的幾何學,開始在埃及人中間的時候,也是根據地面測量方法的觀察,到了希臘人的手裡,才漸具科學形式的。

■ 經驗的思考有三種缺點

純粹的經驗的思考有顯著的缺點:(1)容易產生錯誤的信念;(2)不能應付新異的情境;(3)容易養成心智的惰性與獨斷。

(一) 錯誤的信念

雖然許多經驗的推論大體是正確的;雖然它們於實際生活是有很大裨益的;雖然有氣象經驗的漁人、獵者的預告,在限制的範圍內,可以比科學家完全根據科學測量的結果,還要準確;雖然經驗的觀察和記載供給科學知識的原料,但終不能辨別結論的正確不正確,或許還會引起許多錯誤的信

念。最普通的謬誤,論理學的術語,所謂「誤認因果」(Post hoc, ergo Propter hoc)即是兩事相連,而以前者為後者的原因。這正是經驗推論的主要原則,所以它的推論即使正確,這正確也是得之於偶然,而不是得之於方法的。山芋要在月亮半圓時下種;沿海的人,生於潮漲而死於潮退的時候;彗星是大禍之徵,破鏡是不祥之兆;如此等等無數的觀念,都是經驗推論的結果。

經驗所及的事例愈多,對於它們的觀察愈密,則事物相連的證據愈可靠。至今我們許多重要的信念只有這樣的證據。老和死,是經驗中最確定的預期,可是沒有人能夠確定地說出它必然的原因。

(二) 新異的情境

最可靠的信念,一遇到新異的情境也就沒有效用。因為它們來自於舊經驗,而新經驗卻與任何先例不同。經驗的推論循著習慣所定的塗轍,這塗轍沒有了,它便沒有什麼軌道可循了。這一點是這樣重要,使得克里福德 (Clifford) 說:「習慣的技能使人應付與以前所遇的相同的情境;科學的思想使人應付從來未遇的新異的情境。」他甚至於給科學的思想這樣的定義——「舊經驗在新情境上的應用」。

（三）心智的惰性與獨斷

經驗的方法最有害的一點，是心智的怠惰與保守獨斷。這在思考態度上的影響，比任何錯誤的結論還要嚴重。凡有推論，僅根據與過去經驗的符合，遂將不符合的地方輕輕忽略了；需要有一事物解釋相連的原則，遇到各個事物與原因間找不到連繫的時候，遂捏造一種連繫，作為解釋了。幻想的神話般的信念都是這樣捏造出來的。抽水機為什麼能夠引水？因為「自然」壓制空虛；鴉片為什麼使人沉迷？因為它有催眠的作用；我們為什麼能回憶過去？因為我們有記憶的官能。在人類知識演進史上，經驗推論的第一階段帶來了神話；第二階段就產生出微妙的「質」、「力」等信念。這種原因既然不能直接觀察，也就不以觀察去證明它們的正確與否了。於是信念成為傳說，成為獨斷的主義，而反省的思索被抑制了。

某種人成為這些獨斷信條的護法者和導師。你接受這些信條，便證明你的忠良；不接受，便是叛逆了。被動、馴服成了理智的美德。一切新異的事實，不是視而不見，便是拿來「削足適履」地放在傳統的信念裡，引了幾句經典便壓制了一切懷疑。這種態度使人厭惡新奇，而厭惡新奇是進步的致命傷害。凡不能附會於經典的是邪說，凡自己有所發現的是異端，要遭受著人們的嫉視和迫害。其實傳統的信念，也是

經驗中觀察的結果，但一經僵化，變成不易的傳說與半神聖的信條，便只許在權威之下被動接受，接著與權威者所信的幻想糅合在一起。

二 科學的方法

科學的方法使用分析

科學的方法和經驗的方法不同。科學的方法,把觀察所得的粗糙的事實,分析為許多不能直接觀察的精細的過程,從而發現一個概括的事實代替經驗裡事實的相連或偶合。

常人看見水泵放在池裡,池水可以升高,問他為什麼,他說:「水被吸了。」吸,像熱或壓力一般,被視為一種力。如果他看見水只升高到三十三尺,他毫不費力地解釋一切力都有強弱,而有它們的一定的限度。至於水的高度,因為距離海平面的高度而不同的事實,他或許不注意,如果注意到,也會說自然界反常的事是很多的。

科學家不是這樣。他以為觀察所得的整個事實,是複雜的上舉水的升高的事實,便須先化為若干更細的事實。他的方法是把情境或條件,一項一項地變換,接著觀察每一項條件排除以後有怎樣的結果。粗糙的整個事實不易解釋,現在化成精細的部分事實,每一部分是容易理解的,因為它表示一種因果的關係。

第二篇　探索思考的邏輯

■ 變換條件的兩個方法

　　變換條件有兩個方法。第一個方法是經驗的觀察的推廣。那就是在不同的情形下,作許多次的觀察,而仔細比較它們的結果。這樣,距離海面的各種不同的高度上,水的上升的高度的不同,以及就和海面一樣高的地方,水也不能升高過三十三尺等的事實,便不會被忽略過去。這方法的目的是找出一種結果,要有什麼特殊條件才會產生,把這些特殊條件,以替代原來粗糙的事實。這樣得到的事實可以幫助我們理解結果。

　　但是這種分析的方法,也有它的限制:如果沒有許多不同的事例自然呈現,這方法便無所用之。而且,即使有這些事例呈現出來,它們的變換,是否為理解特定的問題所需的變換,也成疑問。這方法是被動的,依賴外界偶然的情境的。自動的實驗的方法的優越,就在這裡。我們要有臆說,少數觀察的事例已夠暗示了。依這臆說的引導,科學家可以故意變化條件而注意它的結果了。倘使從經驗的觀察,他知道水上的空氣壓力,和沒有空氣壓力的管子裡的水的升高,可能有關係,他便可以故意把儲水器內的空氣排除,或故意增加空氣的壓力,再注意它的結果。他以實驗猜想海面和距離海面不同的高度的空氣重量,然後以根據臆說而推論的結果,和觀察的結果相比較。根據臆說,變換條件而作的觀察,謂之實驗。實驗是科學的思考中的主要方法,因為它最便於從事實的渾然的整體中,分析出重要的元素。

■ 實驗包含分析與綜合

這樣，實驗的方法是包括分析和綜合的。水因水泵作用而上升的整個事實，化成若干獨立的元素，其中有些是從未觀察過或想過會與這事實有關的。其中一個元素「空氣的重量」，被選擇出來，作為理解這整個現象的金鑰，這選擇是分析。空氣和壓力（或重量）的事實，不限於這一個事例。在其他許多事例中，這現象是可以發現的。因為注意於水泵使水上升的例中的這一元素，而水泵一例與其他許多以前看作分離的事實，連貫起來。這連貫是綜合。而空氣壓力這事實，又屬於「重力」一類的普通事實；則凡適用於重力的結論，又皆可移用於這水泵吸水的一例。和水泵看似無關的晴雨表、氫氣球等無數事實如此又連貫了起來。這是綜合的進一步的例。

試以科學的與經驗的思考一比，我們便看出科學的思考的優點：

(一) 減少錯誤的可能

因為用空氣壓力這一分析的，特殊的事實替代了水泵引水的粗糙的整個事實，證據便增加了它的正確的程度。後者是複雜的，包含許多未知的元素的；所以任何推論，易於因情境的變換而被推翻。前者——空氣壓力——是一個相對確定而可測量的事實，可以選擇出來而加以實驗控制。

(二) 應付新異的情境

分析增加推論的正確，而綜合擴大它的應用的範圍，以對付新異而變化的情境。重力比空氣壓力是更普通的事實，而空氣壓力又是比水泵作用更普通的事實。能以普通的，常見的事實替代比較特異的，罕見的事實，便能將普遍的、習知的原則，解釋為新異的事例了。

詹姆斯說：「把熱當作動，則凡關於動的原則，便適用於熱。而動的經驗有百次者，熱只有一次。把光線通過鏡片的事例，當作直線曲折的事例，則我們便可以把日常可見的事實，替代比較罕見的光線通過鏡片的事實。」[08]

(三) 從經驗到實驗

對於未來的興趣科學的實驗方法，反映著人們從尊崇過去的習慣常規，轉變到控制現在而希望於未來的態度。經驗的方法，必然地增加過去的影響，實驗的方法，則顯現出未來的可能。經驗說：「等待有充分的事例再改吧。」實驗說：「創造出事例來。」前者依賴自然給我們偶爾符合的事例，後者故意發現符合的事實。用這方法進步的概念，有了科學的保證了。

---

[08]　見 *Psychology*, Vol. II, p. 342.

第十三章　從經驗思考到科學思考

■ 科學的思考不受直的強烈刺激的影響

　　日常的經驗，大部分受制於事物的直接和強烈。凡光亮突變的、大聲的必引起特殊的注意。凡隱微的、繼續的、沉靜的便容易被人們所忽略。習慣的經驗，以直接的和強烈的，而不以最後重要的控制思考的進行。沒有先見和計劃能力的動物，只能對於當前強烈的刺激作相應的反應，否則便不能存在。人類的思考能力發展了，這種刺激並沒有失卻它們的緊迫性和強烈性，不過思考要求著遼遠的和隱微的最先注意了。隱微而纖弱的，可以比昭彰而強烈的更重要。前者可以表現一種作用的尚未著明，後者或是一種勢力已經用盡的徵兆。科學思想的第一必要，是思考者能從感覺刺激和習慣的束縛中解放出來：解放是進步的必要條件。

　　貝恩（Bain）說：「最初人們看見了流水，而想到這像人力和動物力一樣，有運動物體，勝過抵抗的能力，便增加了一種原動力；假使當初的情境容許，這原動力或早就替代了別的原動力了。這在今日看來，那是很明顯的事。但試想當時的人對著洪流飛濺、巨響喧鬧的水，要推想到一種力，就不是怎樣明顯的一件事情了。」[09]

---

[09]　見貝恩 *The Senses and Intellect*, p. 492.

■ 抽象的價值

倘使於強烈的感覺刺激以外，再加上社會習慣的束縛，則經驗的思考以過去的尊崇，壓抑自由的弊害，更顯然了。

抽象，在日常思考裡，是一個不可缺的元素。一切分析，一切從含混的整體中選擇出一種明顯特質的觀察裡，都有抽象的作用。但科學的抽象，要掌握著感覺所不及的一種「關係」。從之前講到貝恩的一段文字裡，能看得出來。人從流水的許多特質中，掌握了「力」的關係。

忽視了抽象的這一作用，便失掉了抽象的觀念在理智上的用處。將抽象只當作已知的特質的揀選，雖也有實際生活上的功用，然而抽象的論理上的價值，則在於未知的特質或關係的發現。在體形上說，把鳥翼看得像獸肢，把豆莢看得像樹葉，這是抽象。抽象使心智從常見的特質解放出來，使能從已知深入於未知。未知的特質或關係的發現，在理智上更重要，因為它使分析深遠的推論，有了可能。

■「經驗」之意義

「經驗」（experience）這一名詞，這樣可以用「經驗的」（empirical）或「實驗的」（experimental）思考態度來解釋。人的經驗不是固定完成的，而是活動的且繼續成長的。倘使經驗受制於過去的習慣和常規，則經驗與思考變成對抗。可是

第十三章　從經驗思考到科學思考

經驗實在包含著超脫感覺和習慣的限制思考；經驗可以融合最正確而深刻的思考所發現的一切。教育的定義，實在就是「經驗的解放和擴充」(an emancipation and enlargement of experience)。個人在兒童時期是比較易於培育的，他沒有受經驗的僵化，他的態度是好奇的，自然與社會對他來講都是新異的。正確的教育方法能保持而完成這態度，使種族的緩慢的演進，在個人生活裡，得以浪費（從惰性的常規和對過去的依賴而產生的浪費）的汰除，而有縮短的快捷方式。抽象的思考，是一種想像的能力；對於常見的事物，能夠有新異的理解開闢出來；這樣，實驗的方法也跟著試證了它的永久價值。

第二篇　探索思考的邏輯

第三篇
提升思考的實踐

第三篇　提升思考的實踐

第十四章
透過活動促進思維發展

> 行動與思考的關係,在以前各章已經討論過,本章再集合而加以引申。我們將依著人類發展的順序而敘述。

第三篇　提升思考的實踐

一　活動的初期

■ 嬰兒在思考些什麼

當我們看見一個嬰兒的時候，自然而然地發問；「你想他在思考些什麼？」事實上我們不能詳細答覆這問題，但我們可以確知嬰兒的主要興趣。他最基本與最重要的問題是支配自己的身體而得到舒服，並能夠有效地適應於自然和社會的環境。在嬰兒時期，幾乎每件事都需學習，如看、聽、爬、走、伸展、握住、使身體平衡等等。人類本能的反應雖然比低等動物多，但人類本能的傾向不及低等動物完善，而且人類本能的傾向，如果不好好地聯合和指導，實在沒有多大用處。小雞從蛋殼裡出來，幾次嘗試了牠的喙，便會啄食穀物，和長大的時候一樣會吃。這實在需要頭和目複雜的聯合組織。

而嬰兒幾個月以後，還不能抓到他小眼睛所看見的東西，就是能夠抓到，也需要幾星期的練習才能適應，才會使抓到的時候不致太過或不及。一個小孩要抓月亮是不可能的，但他會這麼希求，因為小孩需要很多的練習，才能辨別哪一件事可能，哪一件不可能。一經眼睛看到的東西的刺激，手臂就本能地伸展出來反應，這傾向就是日後準確而敏

第十四章 透過活動促進思維發展

捷地伸展和掌握的能力的起源;但是最後要能運用自如,還需要觀察並配合有效的動作,才能達到目的。這種有意的選擇和配合的作用構成思考,雖然這種思考還是初淺的。

■ 支配身體是一個理智的問題

因為支配身體的各器官為後來的許多發展所必需,所以這種問題非常重要;而這些問題供給思考能力的基本訓練。小孩很愉快地學習運用他的四肢,抓到他所看見的東西,把聲音和所看見的連繫起來,再把所看見的和嘗到的和接觸著的東西發生關係,在整個人生的一歲有半的時候,理智進展迅速(運用身體的基本問題,都在這時期學習的)是很明顯的事實,這證明身體支配的發展,不僅是屬於身體的,而且是理智的成就。

■ 社會的適應很重要

雖然嬰兒最初幾個月的主要學習,在於順應物質的環境而得到舒服和運用東西的時候,有相當的技巧和效率,但同時社會的適應也很重要。小孩在和父母、兄弟姐妹等的關係中,學習如何滿足飢渴,如何免除不舒適,並如何獲得適宜的聲光和顏色。他和物質環境的接觸是由於他人所管理的,他立刻明辨在他的小小環境中,人是最重要和有趣的對象。

語言（唇舌的動作和所聞聲音的順應）成了順應社會最重要的工具；語言的發展（常在第二年中）使嬰孩和他人順應，也賜給他心智生活的金鑰。當他觀察別人的所作所為，他可能活動的領域也無窮地擴展了。所以他常試試看要明白且做人家所鼓勵他嘗試的事情。心智生活的輪廓，大體上在最初的四五歲時便構成了。

成人的工作和職業，是年代久遠的發明和計劃的發展，這些都包圍著兒童。成人的活動對兒童是直接的刺激。它們是他自然環境的一部分，它們是他的眼、耳和觸覺等物質的刺激。當然，兒童還不能由感官而明辨成人活動的意義，然而它們供給刺激使兒童反應，使得他的注意，集中在較高一層的材料與問題。原來前一代的成功來自後一代的刺激，假使沒有這個過程，文化也無從累積，而每一代僅能從野蠻的程度重新做起了。兒童學習語言的時候，同時學到許多意義，他們得到一種習慣，這種習慣引導他們到一個新的世界。

模仿的地位

模仿僅僅是成人的活動供給刺激的各種方法中之一，而這種刺激又如此的新奇和複雜，如此的富於興趣且種類繁多，所以促成思想很快地進步；但是只有模仿並不能引起思

第十四章　透過活動促進思維發展

考；譬如我們像鸚鵡一般單調地模仿人們外表的動作，永遠引不起我們的思考，即使我們模仿會了，我們也永遠不知我們所做的有什麼意義。

　　教育者（與心理學者）常假定，重複別人的行為，就僅僅只是模仿而已。其實兒童不是因有意模仿而學習的，這就是說，他的模仿不是有意識的，至少在他的立場，絕非模仿。別人的工作、行為、手勢以及說話和兒童內在的、已經活動的衝動聯合起來，便暗示了有效的發表方法，暗示了可以達到的目的。有了這個目的，兒童觀察別人和觀察自然界的事物一樣，希望得到更多的暗示，更多的達到目的的方法。在觀察中，他選擇幾種方法，把它們嘗試一下，以觀其成功或失改，而估量它們的價值。這樣繼續地選擇、支配、順應、實驗，一直到他能實現自己的目的。旁觀者看他的動作和成人動作相似，因而說：「這是從模仿得來。」然而事實上，這是由於注意、觀察、選擇、實驗和效果的證明而獲得的。只有透過這種方法，才能產生理智的訓練和教育的結果。

　　成人的活動對於兒童理智的進展負著很大的任務，因為成人的活動使世界上自然的刺激以外，增加了新的刺激，而這種刺激更適應人類的需求、更豐富、組織更良好、範圍更寬廣，可以有更靈動的順應，從而引起更新異的反應。在利用這些刺激的時候，兒童用集中思考來支配身體時用的是一樣的方法。

第三篇　提升思考的實踐

二　遊戲、工作與相類的活動

■ 遊戲與遊戲態度的重要性

當事物成了符號代表其他事物的時候，富於實質性的遊戲變成帶著心理因素的活動了。一個小女孩折斷了泥娃的腿，她把這折斷的腿收拾好了，撫摩著它，使它臥於榻上，正和她向來愛護她的整個泥娃時一樣。部分代表了全體，她不是特別敏感於感官所及的刺激，並且反應著所見事物所代表的意義。兒童常以石為桌，以樹葉為碟，以橡實為杯，對於他們的泥娃、小火車、積木和其他玩具也是如此。當他們運用這些東西時，他們不僅生活於物質環境中，而且進入了事物所引起的自然和社會意義的領域。所以兒童戲竹馬，戲設店鋪，戲築房屋，戲飾客人的時候，他們是把物質的東西依附於所代表的理想。因為這樣，豐富的意義和概念（這是理智的成就之基礎）都確定而建立起來了。

再則許多意義非但漸漸熟悉，並且組織分類而連繫起來了。一項遊戲和一個故事漸漸地調和一致了。即便是最富於幻想的遊戲，其中各種意義也無不互相適合而連繫，最「自由」的遊戲也遵循著配合和統一的原則。它們有一個開始、一個中段和一個結局。在競技之中，規則與秩序貫徹了各種

第十四章　透過活動促進思維發展

小動作，使合成有關聯性的整體。戲劇或遊戲中的律動，競爭和合作也引發了組織。因此柏拉圖倡之於前，福祿貝爾繼之於後，都說遊戲是兒童主要的，且幾乎是唯一的教育；這當然不是玄妙或不可思議之說。

　　遊戲的態度比遊戲更為重要，前者為心理形態，後者為這種形態的表現。當事物僅成暗示的工具時，所暗示的意義，超越了原來的事物。遊戲的態度，是自由的態度。有了這態度，便不是很注意事物的物質性，也不斤斤計較於它能否真的代表某種意義。當兒童以竹為馬，以椅為火車時，竹不足以代表馬，椅不足以代表火車頭，可是兒童覺得無關緊要。所以要使遊戲態度不以任情的幻想為歸宿，而在構成幻想的世界的同時認識這個現實的世界，那麼遊戲的態度進而變成工作的態度，就很有必要了。

■ 工作的重要性

　　在表面的動作上，尤其在心理的態度上，什麼是工作呢？兒童在自然生長中漸覺得假托事物的遊戲，不能愜意。因為假托太簡單，且沒有充分的刺激，以引起滿足的心理反應達到這一點的時候，他要把事物所暗示的意義，再應用於實物，而注意於應用的適當了。一輛小的車子，有了「真的」輪、軸、車身等就像「真的」車子，比拿到任何東西以為一輛

第三篇　提升思考的實踐

車子時,有更多的心理滿足。或者拿著真的杯碟,參加布置餐桌的工作,比假托大石為桌、樹葉為碟覺得有意義得多。這時興趣仍集中於事物的意義;事物愈有意義,愈增加其重要性,遊戲的態度,總是如此。可是這時意義已以實際事物來表現了。

字典上的用法,不允我們稱這種活動為工作。但是這種活動,的確代表從遊戲到工作的過程。因為工作(是心理的態度,不僅是表面的行為)即是意義在客觀的形式中(用適當的材料和方法)得到適當表現的一種態度。這種態度利用自由遊戲中所引起並造成的意義,卻控制著意義的發展,使其應用於事物時,能與事物本身的結構相一致。

「工作」這個名詞,實在不甚適當。因為工作常指達到實際結果的常規活動,其中運用思考以選擇手段,適應結果的成分,占著最低的限度。從外表看,工作僅是非做不可而做的事情。但是在我們想到工作和教育的關係時,我們對於工作,應該從內心看。這樣工作就代表人們的有目的引導的活動,它包含思考、選擇和手段的智巧和創造性,包含希求與觀念,且以實際結果為證明。

兒童和成人一樣,有時僅做別人命令的工作,很機械地依從了別人口授或文字的說明,刻板地去做。這樣,就幾乎等於沒有思考,沒有真正的反省活動。我們前面已經說過,

第十四章　透過活動促進思維發展

手段和結果的關係,是一切意義的中心。「工作」如果是智慧的活動,則是很富有教育價值的,因為工作繼續不斷地構成意義,同時在應用於實際情境中加以試證。但是成人絕不可以以普通成人工作所得結果的標準來判斷兒童活動的價值。倘使這樣,成人一定覺得兒童的活動沒有什麼了不起。我們必須從兒童的計劃、創造、機智、觀察的觀點來判斷其價值,須知在成人雖是極熟悉的事情,在兒童是足以引起情緒和思想的。

遊戲和工作真正的區別

　　遊戲和工作真正的區別,可以拿習慣上的判別來比較一下。有人說遊戲的活動興趣在於活動的本身;至於工作,興趣在於活動完成後的結果。所以前者完全是自由,而後者則束縛於所求的目的。這樣對立地講述了過程和結果、活動和目的,便有不真確與不自然的劃分。真的分別,不在於興趣在活動的本身或在活動外表的結果,而在於興趣在繼續前進的活動,或在趨向一個結局而各階段一線貫串的活動。兩者均可謂興趣在於活動的本身,然而,一則興趣所在的活動多少是偶然的,起於環境的偶發或別人的授意;一則活動因有所趨向,有所成就而意義更加豐富。

221

■ 想像和實用的錯誤觀念

遊戲與工作意義的誤解，假使和學校不幸的設施無關，我們也不必堅持有更正確的觀點了。但是幼稚園和小學常有截然的分界，足以證明理論的差別，影響實際的情形。在「遊戲」名目之下，幼稚園的作業變成象徵的、幻想的、情感的和武斷的，在相反的「工作」名目之下，小學的作業，包含許多指定的功課。前者無目的，後者有一個遼遠的目的，有目的的意義，亦僅為教育者所領會，而非兒童所深知。

當兒童心智日漸發達的時候，他必求更正確地認識實際事物，必須更確定地了解目的和結果，作為行動的指導，同時也必須獲得更熟練的技能來選擇並支配各種方法，用以達到目的。上述諸點，應於很早的遊戲期間逐漸引進，否則以後必操切地或強制地驟然加入，對前期和後期的學習都是不利的。

遊戲與工作的嚴格對立，常和實用與想像的錯誤觀念相連。凡活動之屬於家庭鄰里的，都以為僅僅是實用的而被輕視。使兒童洗滌杯盞，布置餐桌，從事烹飪，裁製泥娃的衣服，製造真可置物的箱篋，以釘錘自製玩具等等，都以為足以損礙兒童的審美和欣賞，失去想像的機會，使兒童的發展困於物質的和實用的範圍。反之，使兒童表演鳥獸，和父母、子女、工商、武士、市長等的家庭關係，則以為可以使

第十四章　透過活動促進思維發展

心智自由發展，而可以得到道德上和智識上很大的價值。甚至說，兒童在幼稚園中播種和栽培花草，這些都太偏向於身體和實用的方面，而戲劇式的表演種植、栽培、收穫等才可以發展想像力和精神的欣賞。甚至於摒棄兒童所玩的泥娃、列車、小船、機器等玩具，而以立方體、圓球和代表社會活動的符號取代，事物愈不足以代表所想像之用（如以立方體代表小船），反以為它的引起想像的功能愈大。

這種理論，有幾點謬誤，分述如下：

1. 健全的想像，並不寄託於虛誕，而起於暗示所引起的心智的認識。想像的運用，並非浮游於純粹的幻想，而須擴充並應用於現實的境界。兒童周圍的平凡的活動，在兒童視之，並非實用的方法，用以達物質的目的。這種活動，對於兒童來講是一個奇異的世界，充滿著玄妙和希望，充滿著他所欽羨的成人的事業。在成人因視職務為例行之事，而覺得世界的乏味與無足驚訝；在兒童視此世界，則覺得有社會的意義。兒童從事於那種活動亦即運用其想像，以構成自己所未有的價值更大的經驗。

2. 有時兒童的反應大部分屬於身體的或感官的，而由教育者視之，則認為象徵著偉大的道德上或精神上的真理。兒童富於戲劇上的模擬能力。在有哲學成見的成人從表面上觀察，好像兒童真的深印著欣羨、仁俠、忠誠、高尚等這些德行，而在兒童自己，僅發於一時外表的刺

223

激。要在兒童實際經驗以外，象徵出偉大的真理來是不可能的；即欲嘗試，也只獎勵兒童一時喜悅的刺激。

3. 在教育上反對遊戲者，即遊戲等於娛樂；而反對有用的工作者，又將工作與勞動相混淆。成人既必須從事於負責任的勞動，以獲得豐厚的經濟結果，因此有肌肉的鬆弛和娛樂的追求。然而兒童對於工作和遊戲並不如此劃分。（當然，未成熟時即受僱於人和受童工之苦者，不在此例。）在兒童因實用而工作，和因娛樂而遊戲，並不視為相反的事。凡引起兒童熱心從事的活動，即活動本身是有興趣的。他們的生活，比成人更統一和健全。凡因成人工作通常在壓力和利益之下進行，便以為兒童也不能很自由、很愉快地從事這種工作的，這種觀念，是缺乏想像的。決定哪一件是屬於功利的，哪一件是不受強制而有創造性的價值的，不是所做的事，而是做事的態度。

三　建造的作業

■ 科學由於職業而發展

從文化史上來看,人類的科學知識和專門技能,尤其在較早的時代,皆圍繞於生活中的基本問題。解剖學和生理學發源於保持健康的實際需求;幾何學和機械學發源於測量土地;建築和製造學發源於減省勞力的機器的要求;天文學與航海學和計時有密切的關係;植物學因醫藥和農事而發展;化學則始於染色、冶金和其他工藝的需求。反過來說,近代工業幾乎完全是科學的應用。常規和粗糙的經驗,一年一年,逐漸減少而代以科學的發明。電車、電話、電燈在社會的交通和控制上,表現著革新的效果,這都是科學的賜予。

■ 學校的作業供給理智發展的機會

以上的事實,有很大的教育上的關係。大多數兒童富於自動的傾向。學校也沒有各種自動作業的課程,如手工園藝和參觀各種藝術,然而大致有功利的意義,而不一定為著嚴格教育的理由。今日教育上最緊要的問題,即如何組織並連繫此種學科,用以養成靈敏、持續而有效的「理智」習慣,手

工等學科與兒童固有的效能相合（引發他們要做的願望），這是大家公認的；這種學科提供很好的機會來訓練兒童自助和有效的社會服務，這一點大家也逐漸認識到了。更進一層來講，這種學科可用以提示代表的問題，這種問題，用個人的反應和實驗的方法來解決的時候，必須用確定的知識，而且引導到以後更專業更科學的知識。

世間本無幻術，可僅從身體的動作和靈巧的手藝中，獲得理智的效果；手工等學科和其他著重書本的學科一樣也可以循規的「強制的」，用傳統的方法來教授；但是園藝、烹飪、紡織與初步的木工、金工卻可以經適當的計劃成為理智的工作，以引起學生對於植物學、動物學、化學、物理學以及其他科學的知識的興趣，甚至於對實驗的研究和證明的方法也產生好感。

現在小學課程的繁重已成常見的狀態。既然不能回到傳統的教育，我們也唯有從各種藝術、工藝與作業中，尋求理智的可能性，進而改造現行的課程；將種族的盲目和慣例的經驗，改為啟發的、解放的實驗方法。

使「設計」有教育價值需具備相當條件

近年來，學校中建造的作業的地位，逐漸增高了。這種建造的作業通常名之「設計」（project）。但真要使「設計」有

第十四章　透過活動促進思維發展

教育的價值，則有幾個條件是必須具備的。

第一點應具備興趣的條件。兒童的活動假使沒有情感和需求，假使他致力在他自己不喜歡的方面，則表面上他雖在工作，而他的「內心」可以是厭惡的。但是僅有興趣，還不足夠；有了興趣，最重要的，就要把它引導到目的與行動。這興趣是暫時的還是持久的？這興趣僅是一種興奮還是蘊蓄著思想的？

所以第二點應具備的條件是，內心感覺到活動的價值。這並非如我們以前批評過的，是從成人的觀點去看活動外表的用處。但是卻有這樣的意義，就是：僅僅是瑣細的活動，除一時表演的娛樂之外，倘沒有更遠大的效果，應當摒棄的。一方面使兒童很樂意從事，另一方面也表現生活價值的設計，是不難求得的。

第三點應具備的條件（實是上述一點的擴充），就是設計在進行的過程中，應當提示問題，以喚起新的好奇與求知的願望。一種活動假使在心理上不能引導到一種新的境界，無論表面上如何滿意，也沒有什麼教育的價值。但除非提示從來沒有想到的問題，除非問題能造成求知的飢渴，使能藉觀察閱讀並向專家訪問等方法，以求得新的知識，則無從引導到什麼新的境界。

最後第四點，一種設計，必須給予充分時間，使能圓滿

地完成。計畫和目的必須有充分實現的可能,使一件事自然地引導到另一件事。如果不這樣,就無法達到新的境界。成人的責任,在於有先見之明,知道一階段的成功,是否引起另一階段的工作。作業是有連續性的。這不是不相關活動的連續,而是連貫而有秩序的活動;在這種活動之中,一步一步地進行,是先後貫穿而逐漸完成的。

第十五章
從具象到抽象的思考過程

第三篇　提升思考的實踐

一　何謂具體的

「從具體的進行到抽象的」這句話，是教師們所信奉的格言，雖然大家聽慣了，卻並不完全了解它的真義。很少有人讀了或聽了這話，就懂得怎樣具體的是起點，抽象的是終點，以及怎樣進行的過程。有時這話所給予的教訓，完全被誤解了。就是誤會教育應當從實物進行到思想，好像應付事物而不包含思想，也可以有教育價值的。如此誤解，這句格言使機械的習慣或屬於感官的興奮，置於教育量表上的低的一端，同時把學院式的和無從應用的學習，置於高的一端。

實際上，一切對於事物的應付（即便是兒童對事物的應付），皆在推理之中；事物引起暗示，暗示籠罩事物，因而疑難得到了解釋，信念得到了證明。世界上沒有比只教事物而沒有思想，只有感官的知覺而不加判斷的事再不自然了。假如我們所謂的抽象，是離開事物的思想，那麼它的目的，也只有形式，而且是空虛的。因為有效的思想多少與參照事物有直接的關係。

■ 直接和間接意義的關係

這句格言的意義，了解和補充表示著論理的發展方向。它的意義是什麼呢？所謂「具體」是事物本身就指出一種意

第十五章 從具象到抽象的思考過程

義,顯然和其他意義不同,所以是很容易明白的。當我們聽到下列諸字:桌、椅、爐、衣,我們不必有所反省,直接可得到它們的意義,既直接傳達了意義,也無需再翻譯。但有些事物和名詞的意義我們要獲得的時候,必先想到我們所熟悉的事物,再把所熟悉的和我們所不明白的相連,而求其中的關係,然後能了解其意義。簡單地說前者的意義是具體的,後者的意義是抽象的。

■ 有賴於個人知識的程度

凡對於物理和化學極有研究的人,看著「原子」、「分子」等名詞覺得很具體。這種名詞因為已經用慣了,所以用不著運用思考了解它們的意義。可是普通的人或是科學的初學者,必先想到他們已熟悉的事物,然後經過一個慢慢翻譯的過程最終了解。而且,假使已熟悉的事物和新奇事物的關係不留存了,那麼「原子」和「分子」這種名詞的意義雖獲之頗難,也就很容易遺忘。任何學術名詞,如代數學中的「係數」和「指數」,幾何學中的「三角形」和「方形」(此指幾何中的意義和普通的意義不同),經濟學中的「資本」和「價值」等名詞都是這樣。

這種差別,是和個人知識上的進步完全相關的;在個人發展的順序中,一個時期看的是抽象的,到了另一個時期便成具體了;相反的,人們以為這是極熟的事也會包含著新奇

的成分和不可解決的問題。大概說來,哪一個在熟知的限度之中,哪一個在熟知的限度之外,也存在一種界線。這種界線使具體和抽象有相當永久的劃分。熟知與否的限度大致以實際生活上的需要而決定,如木料、磚石、肉類、山薯、房屋、樹木等,因為我們在生活中必須計慮及之,所以為環境中經常相接之物。就為這個緣故,它們的重要意義,極易學習,而它們的意義也漸與事物相混而不可判別了。我們與事物時常接觸,即很熟悉,對於它的奇異和疑難之點,亦皆消除。因社會接觸的實際需求使成人對於賦稅、選舉、薪資、法律等名詞,亦有同樣的具體觀念。如庖人、木匠、織工的用具之意義,我個人雖不能直接領會,然亦無疑歸類於具體中,也因這種用具和我們普通的社會生活有直接的關係。

思考上手段與目的的關係

對比地說,所謂抽象,也就是「理論的」,是和實際的事物沒有密切連繫的。思想家(即通常所謂研究純粹科學家)把實用置諸不顧,離開了人生上的應用,去很自由地運用抽象的思考。然而這僅僅是消極方面的說法。從積極方面說,除去了實用和應用的關係,所留存的是什麼呢?很明顯的就是「求知的自身是一種目的」。科學中許多觀念都是抽象的,不僅僅是因為在科學中沒有長期的訓練,不易明白(在藝術

第十五章 從具象到抽象的思考過程

中的專門事項,也是這一樣的)。也因為其意義之整個內容的組織,純為便利於更精深的知識、思考和臆測。所以假如思考用為一種手段,去達到一種目的(超乎美、善和價值之外),便名之曰具體;假如思考只用為一種手段,去引發更深的思考,則名之曰抽象。理論的思想家承認一個觀念是適當的,是自我滿足的,只要它能引起思想,而得到的結果也是思想。但對於一個醫生、工程師、藝術家、商人、政治家,則必須能運用思想來促進生活的幸福,如健康、財富、美、善、成功等,思想才算完整。

純粹理論的貶視

大多數人在普通環境之下感受實際生活的壓迫,他們的主要任務,就是將日常生活中的工作處理嚴當。凡事情僅在思想方面是重要的,在他們看來,便不切實際且不自然。因此重實行而有所成就的人,往往輕蔑「純粹理論家」,對那些理論上看似高明卻無法切合實際的人深感不以為然。他們用到「抽象的」、「理論的」、「理智的」等名詞,都含有貶視的意義。

這種態度,自然在某種環境之下是對的。但常識上認為的理論的貶視,並不代表完全的真理。就是從常識的觀點說,也有所謂「過於實際」以致眼光短淺,而只注重近功速效

的。理論與實際，只有程度上與適應上的不同，並不能絕對劃分開來。真正實際的人，對於一個問題，一定能夠作自由的思考，而並不計迫急的近功。思考困於功利上，則狹隘了思考的範圍，結果也得不到功利。把思想用太短的繩子縛牢在功利的柱上是不值得的。行動的力量，需要遠大的眼光，而遠大的眼光，必須要有想像的能力，要不就會受常規和習慣的限制，至少必須有為思考而思考的興趣，要從實際生活裡解放出來，而使它豐富而前進，必須有為知識而求知識，為思考而思考的興趣。

現在回到教育上「從具體的進行到抽象的」這句格言，需要注意其中的三方面：

(一) 從實際的活動開始

「具體的」指思考應用於應付實際困難的活動。所謂「從具體的開始」便指在學習中，新經驗的起頭應該著重兒童已有的經驗；如果可能，應該把新教材與兒童實際活動中的目的相連繫。只是增加感覺，積聚實物，不算「依照自然的順序」。目的教學並不因為用了許多豆、木片和點便算是具體的，只要數目關係的使用，能夠清楚地了解，那麼即使僅用數字，數的觀念也是具體的了。哪一種符號在什麼時候用得最好，積木線或圖形，這全看適應得如何。如果在數目、地理或任何學科的教學上，實物的使用並不能使兒童了解實物

第十五章　從具象到抽象的思考過程

的意義，則與誦習定義規則是一樣不明瞭的。因為這使兒童只注意實物刺激，而不注意於觀念。

　　以為實物放在兒童面前，便自能把觀念印入他的心裡，這幾乎等於一個迷信。「實物教學」、「感覺訓練」在教學法上，比以前專用文字符號，當然是顯著的進步。可是這進步，也使人忘卻它只達到一半的路程。實物和感覺，只有在兒童能夠使用它們以發展身體指導行動，才有助於發展。兒童連貫的活動（作業），當然包含實物、工具和力的使用，而要求他想到它們之間的相互連繫，以達到自己的目的。至於實物的單獨提示，則還是呆板的，無意義的。幾十年前，初等教育進步的大障礙，是對於文字符號在訓練心智上神效的一個信念。現在呢，對於實物神效的一個信念固然是「較好」了，但也還是進步的障礙。「較好」是「最好」的敵人。

(二) 轉移興趣於理智的題材

　　實際活動中對於求達結果的興趣，應當逐漸轉移於事物，對它們的性質、結構、原因、結果的研究。成人在日常職業的工作上，除行動的必要以外，很少能夠以時間和力氣自由地用在所應付的事物的研究上。兒童的教育活動，應該這樣安排：使能引起他注意到與此原來活動，僅有間接的理智關係的事物的研究。例如對於木工的興趣，應當逐漸轉移到對於幾何與機械問題的興趣。對於烹飪的興趣，應該發展

為對於化學實驗和生理衛生的興趣。對於圖畫的興趣，應該發展為對於配景的表現、執筆、配色等技巧的興趣。「從具體的進行到抽象的」，這「進行」代表著一個發展，代表著這過程中積極教育的部分。

(三) 養成思考的喜悅

抽象的是教育所要達到的結果，這是對理智問題自身的興趣，是為思考而思考的喜悅。起初是為別的目的而進行的偶然活動，後來變成自身的目的，這是很平常的事。思考與知識也是這樣的；起初只用來達到實際活動中所求的結果，後來自身變成所求的結果了。兒童起初在實際活動中，自由地繼續從事於觀察和試證，這樣引起的思考習慣漸漸增加，終於使他感覺到思考具有自身的價值了。教師的一項任務，在於引導兒童從「行」的方面轉移到「知」的方面，而發展他的對於觀念與觀念的相互關係的興趣——真正抽象的能力。

第十五章　從具象到抽象的思考過程

二　何謂抽象的

從具體的轉變到抽象的之例

第六章中所舉三例，代表從具體的到抽象的上升的階程。第一例，思考僅為準時赴約，那顯然是具體的。第二例，解釋船的一部分的構造，則介於具體及抽象之間。那長桿的安放和位置，原是實際的；設計者的問題，在如何幫助船的駕駛，那純乎是具體的。但渡船上的過客，要解釋那長桿的意義，卻與他到達目的地無關，他的問題便是抽象的了。第三例，則是嚴格的抽象的思考。水泡的出現和動作，引起了理智的好奇，而思考要說明這看似一個既定原則的例外現象——這與物質困難的應付或目的與手段的適應，毫無關係。理智的手段只準對著理智的目的了。

抽象的思考不是全部的目的也不是多數人所喜歡

不過，我們應當注意，抽象的思考，雖可成為目的，卻不是全部的目的。抽象的思考，雖從實際事務的思考發展出來，卻不是後者的替代。教育的所求，不在於毀壞那克服困

難，利用手段達到結果的實際思考，而以抽象的思考為替代。抽象的思考，也不能說是高於實際的思考，只有並用兩種思考的人，才高於只用任何一種思考的人。一種教育方法，因養成抽象的思考而減弱具體的思考能力，比之於另一種教育方法，只培養實際計劃安排、預料的能力，而不能取得為思考而思考的喜悅，同樣不能完成教育的理想。

教育者也得注意到很大的個性差異，而不謀強納兒童於一個模型。大多數人認為，執行實務的傾向，只為行動與成功，而非為求知；而思考的習慣，支配了他們的一生。在成人中間，總是技師、律師、醫生、商人多，而科學家、哲學家少。教育雖期於使職業教育的成員都有一點學者的態度，然而我們沒有充分理由來強分兩種思考的高下，而必使具體的思考化成抽象的思考。以往學校教育，就因過於重視抽象的思考，而阻礙大多數學生心智的多方面發展。而所謂「文化教育」也常只產生專門的學問上的思考，而不切於生活的實用。

教育的目的在取得平衡

教育的目的，在於取得兩種心智態度平衡的互動作用；重視人們的個性，而不壓抑他們特有的思考能力。傾向於具體方面過強的人，應該解放心思，在實際活動中，覓取發展

第十五章　從具象到抽象的思考過程

好奇心興趣的機會。否則具體的便成為狹隘的，變得窒息了，少數有抽象思考的喜悅的人，應該應用觀念在符號表示的真理上，增加它們實際使用於日常社會生活的機會。任何人的兩種思考能力都同時具備，兩者如得到平衡的互動的發展，則人生的效率提高，幸福也隨之增加。否則抽象的便成為書本的，變得學究了。

第三篇　提升思考的實踐

第十六章
語言與文字對思考的影響

第三篇　提升思考的實踐

一　語文是思考的工具

　　語言文字和思想有特殊密切的關係，需要特殊的討論。logic（論理，思想法則）這個單字從 logos 而來，原意是語言、文字；也是思考、理性。可是「文字，文字，文字」，徒然表示理智的空虛，思想的假學校以語文為主要的工具，也常作為主要的教材。歷來教育改革者，對於語文的應用都提出最嚴厲的抗議。然而一方面語文固然可以貌襲思想，另一方面語文也可以說等於思想，這裡實在有一個問題。

思想與語文的關係三說

　　關於語文與思想的關係，有三種具有代表性的說法：(1)它們是相同的；(2)語文是思想的外形，雖然不是思想必需的，但思想必有這外形才能夠表達；(3)語文雖不是思想，卻為思想所必需，思想可以由之而傳達。我們採取的是第三種說法。不過我們說語文是思考所必需，我們所謂語言，不只包括語言和文字，凡姿勢、圖畫、表情等這些用來作為符號的，都算是語言。所以說語文為思想所必需，等於說，符號為傳達意思所必需。思想所應付的，不是單純的事物，而是事物的意義；意義要能夠了解，必須放在一種可感覺的形體

第十六章　語言與文字對思考的影響

中。如果沒有意義,事物便成了盲目的刺激;如果不附著於一種形體,意義也便是無形的東西。專為確定和傳達意義的一種形體,謂之符號。假使一個人把另一個人推出戶外,他的動作不是符號。但,假使他用手指著門戶,而說「出去」,他的動作自身是沒完成的,那就是一種符號了。關於符號,我們不管它們自身是什麼,而只管它們代表的是什麼。Canis、Hund、Chien、Dog（狗）什麼都可以用的,只要意義可以表達出來。

自然界的對象,是別的事物的符號。雲是雨的符號,足跡是敵人的符號,岩石是礦藏的符號。然而自然的符號,有著很大的限制。一則直接的感覺刺激,常會對於意義的注意分散;我們以手指著食物給小貓看,而牠反看著我們的手指,不看食物。二則只靠自然的符號,我們便只聽命於自然界的變動,而不能預防或推測。三則自然的符號,本非有意為符號,所以粗糙而不靈便;至於人為的符號,則像人為的任何器具一樣,是創造出來專為傳達意義的。

■ 人為符號的優點

所見思想一達到高度的發展,就不能沒有人為的符號,而語文是最適於此要求的了。姿勢、聲音、口語或印刷的文字,是物質的形體,其自身的價值,全看它們能夠表示的意

義的價值。在表示意義上，這種人為的符號，有以下幾個優點：

1. 微弱的聲音，細小的文字，不會分散對於所代表的意義的注意；因為它們自身是很少值得注意的。
2. 它們的創造，受我們的控制，要什麼可以造什麼。我們造出「雨」字來，就不必等到自然界有雨才引起雨的思想。
3. 它們是簡便而精巧，易於處理的。只要我們生活著，呼吸著，我們以喉舌、口腔，肌肉的變化而變化聲音的大小與音色，是輕易而沒有不正當手段的。身體的姿勢，比起語音來，便笨重得多，因此我們以語言為主要的理智的符號。可是語音雖然靈便，卻又容易消滅，而只能存在於一時。等到文字創造出來，才彌補了這個缺陷。Litera Scripta Manet（文字是永久存在的）。

記得意義和符號的密切相連，我們可以更詳細地說明：(1)語文與個別的意義，(2)語文與意義的組織。

語文選擇儲存而應用個別的意義

關於個別的意義，語文符號的作用是：(1)選擇和分辨，否則整個意義將含混模糊；(2)儲存和記錄；(3)應用於別的事物的了解。用比喻來說，語文符號像一道牆垣，一個標記，又像一輛車子，這三種功用，合而為一。

第十六章 語言與文字對思考的影響

(一) 文字像一道牆垣

凡含糊空洞的觀念,有了一個適當的名詞,就清晰而易辨了。意義有時是沒有確定形式,像是意會了,卻不可以言傳。一有了文字的表述,它的界限便確定,內容便完整了。詩人愛默生(Emerson)說,他不要知道事物的本身,寧可知道詩人給它的正確名詞;他的心裡,大概就想著文字的這種神奇的功用。小孩子喜歡學事物的名詞,也表示意義對於他們,逐漸具體化、個別化,而他們和事物的關係,從物質上轉到理智上了。野蠻人奉文字為神聖,所以不足為怪。有了名詞,事物便不只物質的存在,而有了永久的意義;知道了人和物的名稱,並且能夠使用,野蠻人像占領了它們的價值一樣有了一種尊嚴。

(二) 文字像一個標記

人物的生滅無常,我們對於事物的直接關係有限。自然界的符號,更限於當前的接觸,至於文字所確定下來的意義,則可以永久儲存,備為後用。即使沒有那代表的事物,而有了它的文字符號,便可產生它的意義。理智的生活靠著意義的豐藏,文字儲存意義的功用,重要性自不必說。當然,儲藏不完全能防腐,文字也常蝕壞了原來的意義。但是腐壞的可能,原是生物對於生存特權的代價。

(三) 文字像一輛車子

意義確定了，儲存了，便可以轉移使用於新的情境。這轉移應用是一切判斷和推論的關鍵。一次看見雲而知道一次雨的預兆，下次便須重新學過，這還有什麼智慧的增長？只靠經驗造成物質適應的習慣，則舊經驗怎樣能有意應用而預料和指導新經驗？要能從舊的推想到新的，必須使舊事物雖成過去，而它的意義還是留存。語文就像流動的車輛，將意義從已有的經驗轉運到未來不定的經驗裡去。

語文是組織意義的工具

前說語文符號和個別意義的關係，還沒有說到意義的組織，這兩者是同樣重要的。文字不但確定個別意義，也連繫許多意義，進而表示出它們的關係來。單字不只是單字，而能夠連繫成句子。我們說：「那本書是一部字典」、「那天空的光是彗星」，我們在表述一種論理的關係，即分類和定義的作用，超越了物質的個別的東西，而達到類別和屬性的論理關係上去。命題（句子）之於判斷，猶單字之於意義。單字構成句子，句子構成連貫地發表。語法或文法，表示一般心理的非意識的論理。我們的國語，為我們構成了思考常用的理智的分類。在說話時，我們並沒有意識到在使用這種理智的分類，我們已完全習慣於這種論理的辨別和組合了。

二　語文在教育上的誤用

單教事物無異於否定教育

「教事物，勿教文字」或「先教事物，後教文字」，這種格言若照字面上的意思而拘執了，便等於否定了教育。因為它把心智的生活化成單純的物質的感覺適應了。所謂學習，正確地說，不在於學習事物，而在於學習事物的意義，而這過程是必然包括符號（語言文字）的使用。同樣，有些教育改革者對於符號教學的攻擊，若推到了極端，也便等於毀滅了理智生活。因為理智生活，存在於定義、闡述、概括、分類等作用之中，而這些作用只有使用符號，才有可能的。然而那些教育改革者的爭論也不是沒有理由。實在是因為語文誤用的弊害，和它善用的利益，正是成比例的。

符號的限制和危險

如前所說，符號自身是物質的、可感覺的、個別的東西，是要靠它們所暗示、所代表的意義，而後成為符號的。

第一，任何人對於符號所得的意義，全靠他已有這種意義所涉的情境的實際經驗。文字之所以能夠抽象地儲存一個

意義，全靠人們已有這種意義所涉的事物的實際接觸。若使脫離了事物的關係，而徒以文字來替代意義，那就剝奪了文字的「意義」了。許多教育改革者所反抗的，就是這一點。至於假定有了語文的反應，便表示獲得了確定的觀念，也是一種錯誤的傾向。因為，事實上，成人和兒童都會使用自己了解得最模糊的語文上最正確的公式。真正的愚昧，還有些可取，因為它帶著虛心和求知；獨有貌似的聰明，背熟了流行的名詞、口號，學會了現成的公式、命題，便以學問自誇，而把心智塗上一層油漆，使得新思想再也打不進來，則最為危險。

第二，文字的新連繫，雖然沒有實際事物的關係，也可以供給許多新的觀念，但這是有它的限制的。人們因為怠惰，容易接受流行的觀念，而不去親自探究和證明。他們運用思考，只去找尋別人的思想，那就完了。這樣，文字裡所包含的思想，成了自己思想的替代了。在教育上因語文的誤用，使得人們的思想，滯留於過去的成績，而不求新的試探和發明；使得傳說和權威超越了自然界的事實和定律；使得個人靠著別人的舊經驗，過一種寄生的生涯，這些都是教育改革者所反抗的。

第三，原來代表觀念的文字，用久了只變成一種籌碼，變成可以不了解意義，而依照呆板規則去使用的東西。史圖特（Stout）稱之為替代的符號。他說：「代數和算術的符號，

第十六章　語言與文字對思考的影響

大部分只是一種替代的符號。這種符號，只要從其所象徵的事物的性質中，闡述了確定使用的規則，便可以不再參照事物而單獨地使用了。文字是思想及於所表示意義的一個工具；而替代的符號是『不』思想及於所表示的事物的一個工具。」

其實，他這原則，一樣適用於文字的。文字也使人「不」思想而能夠使用意義，求得結果的。在許多方面，以符號為「不」思想的工具原是有利益的；為的它表示了熟悉的，而使我們能集中注意於新異的。可是學校裡過分重視表面的結果（見第四章），過分重視文字反應的技能，就把這種利益也變成了弊害。只講求文字的背誦，只要求對答的正確，只沿用呆板的公式，便使學生養成機械的態度，而不再思考文字的記憶，替代了意義的尋索。這個危險，是一般教育改革者最關心的。

第三篇　提升思考的實踐

三　語文在教育上的善用

　　語言文字與教育，有雙重的關係。一則它是在教學與訓導上不斷地使用的；二則它自己是一個學習的學科。我們所要討論的，只是第一重關係，因為語文的日常使用，影響思考習慣最深。至於語文學科的學習，不過使語文的意義更加深刻而已。

　　常說「語言是思想的表現」，這話只說了一半真理，而且極容易把人引入歧途。語言雖然表現思想，卻非原來如此，也非有意如此的。語言的第一的動機，是透過表達欲望、情緒和思想來影響別人的行動。它的第二個功用，是藉以和別人有更密切的社交的關係。它的第三個功用，才是專為思想和知識的發表，而這個功用，比較是後見的了。洛克（Locke）也曾解釋文字的兩種功用，稱為「社交的」和「哲學的」。「前者指文字可以傳達意思，藉以維持日常的談話和溝通；後者指文字可以表述事物的精確觀念，藉以發抒真理。」

教育要使語文化為理智的工具

　　語文的「實際的」與「理智的」兩種功用的辨別，有益於了解教育上語文的問題。這問題便是：怎樣引導兒童語文的

第十六章　語言與文字對思考的影響

反應，使得原來為實際社交的工具，變成有意地發表知識，幫助思考的工具？怎樣不阻礙他們自發的動機（語文的活力、新鮮、變化，都靠著這種動機），而能夠改變他們的語文習慣，使成為準確而靈活的理智工具？要獎勵兒童自發語言的流暢而不去把語言化成思考的工具，那是容易的。要阻撓或毀滅他們對自然語言的興趣而規定形式的發表法則，那也是容易的。問題的困難就在於怎樣轉化「日常談話」的習慣，為表述「精確觀念」的習慣。這種轉化的成功，需要：(1)擴充兒童的語彙；(2)確定名詞的意義；(3)養成連貫的口語發表的習慣。

(一) 擴充兒童的語彙

這當然要人事接觸得廣，也間接地要見聞的文字多。無論怎樣，掌握一個字的意義，要使用自己的智慧，要有智慧的選擇或分析，才能增加以後能夠應用的意義或概念。我們通常把一個人的語彙，分為主動與被動，後者是聽到或看到而了解的字，前者是自己能夠自由使用的字。被動的語彙比主動的語彙要多得多，這表示個人所沒有能夠利用的部分，他便只靠外部的刺激，而缺乏自己的獨創了。這種情形，多少也是教育的結果。很小的孩子，是什麼新字都抓來使用的；等到讀書的時候，字彙大增，就沒有機會使用了。它的影響，即使不是兒童心智的窒息，也至少是一種壓抑。而且凡

不能主動使用以傳達意思的文字，它的意義，也永遠不會明確，完全文字的意義，是要使用才會確定的。

語彙的小，固然由於經驗的狹隘，也由於自己的疏忽和含糊。懈弛的態度，使人不肯費心力理解意義上的辨析。鬆懈含糊的說法，幾乎使得什麼事物都是一個「你叫它什麼」的疑問，而思考也永不會精確。凡與兒童接近的人的語彙的貧乏，凡兒童讀物內容的單薄，都會使他的心智趨於狹隘。意義的正確辨析，在學術名詞，尚且是要緊的。熟練的工匠，辨別一輛汽車的各部分，也要用它們正確的名詞。所謂語彙的簡單明白，是指它的可以了解，不是指它的貧乏含糊而遲轉於小孩子的說話。

我們也要注意文字的流暢和語言的嫻熟，有很大的分別。話說得多，不一定表示語彙的大；許多話語盡可以旋轉在一個小圈子裡。多數學校，除書本以外，物質材料的供給很少，而書本也十分淺薄，以致沒有對語彙豐富的要求。學校裡學習的語彙，又與社會所用的觀念和文字，沒有系統地連繫，以致即使語彙有增加，也只增加了所謂被動的或靜止的成分。

(二) 確定名詞的意義

要使文字和概念更加豐富，一種方法是辨別意義的參差，或者說，確定名詞的意義。意義的確定和語彙的擴充，

第十六章　語言與文字對思考的影響

是同等重要的。

　　名詞的最初的意義，由於對事物的認知不深，常是籠統的、含糊的。小孩子看見人都叫「爸爸」，看見馬便叫「大狗」。他只注視到數量和強度的差異，而無法判斷名詞所代表的事物的分別。就是成人，看著樹就只是樹，或者能分別落葉樹和常青樹，再認識每類的幾種樹，也就算了。這種籠統含糊，容易持續下去，變為思考發展的障礙。意義混雜的名詞，至多不過是笨拙的工具；而它們使應該辨別的事物因此混淆，那就有害處了。

　　名詞的意義，由含糊變成明確，是向著兩方面的發展。一是代表事物的關係；二是代表個別的特質。前者是與抽象的思考相連，後者是與具體的思考相連的。澳洲土人的部落，對於所知的各種動植物，都有個別的名詞，卻沒有「動物」、「植物」兩個名詞，語彙的繁細，固然是確定意義上的進步，然而只是一面，他們的語彙，還沒有能夠表示出個別事物的關係來。反之，初研究哲學科學的學生，也會只積聚許多表示關係的名詞，如「因果」、「法律」、「社會」、「個人」、「資本」等，而缺乏表示個別特質的語彙。

　　在語言史上，文字意義的上述兩方面的發展，是有許多例證的。有些字，原義很廣泛而變成了很狹隘；有些字，原指個別的，現在卻指關係上的共同了。例如 vernacular 這個字，從 verna（指在主人家長大的奴隸）而來，現在卻推廣引

申了,意指本國語。Publication 原意很廣泛,指一切語言交通,現在卻限制於印刷物的意思了。Average 這個詞,現在意義是平均,而原意很狹隘,是指翻船者分擔他們的損失。

這種語言史的變動,能夠幫助教育者了解:名詞的意義隨著個人理智的發展而有變化。例如幾何學裡「線」、「面」、「角」、「方」、「圓」等名詞,學生學習了,能使它們的意義狹和廣;「狹」便只用於幾何推證中確定的意義;廣則可用以表示平常用法以外的關係。說到這種關係時,顏色、大小等特徵,便不問,而只限於一種方向上的關係,「線」這樣就不指「長」的觀念,而代表一個類化的觀念了。各種學科的語彙,都有這種變化。以前說過的,這裡也就有一個危險,就是,只於日常的意義上,附加了一層新的,與實際隔離的意義;而不能把日常的意義轉化為論理的概念。

有意使用得正確而表示一個完全的名詞,謂之「術語」。在教育上說,名詞成為術語是相對的,而不是絕對的;是因為有確定的意義,而不是因為有詭異的形式。平常的名詞,只要有意用得正確,也就具有術語的水準了。思想愈精確,術語愈增多。不過教師們對於術語的使用,也有兩派極端的意見。一派盡量增加術語,好像學生學會了一套專門名詞,加上文字的說明或定義,便等於獲得了一套新觀念了。另一派,認為文字累積是無用的,反而會變成足以窒塞判斷的聰明,就主張封鎖術語而不用,專用通俗的名詞。這對於文字

冒充觀念的厭惡，是很有理由的。可是根本的問題，還是在觀念，而不在文字。如其觀念是掌握住了，用正確的術語可以固定了這觀念；如其觀念沒有掌握住，那麼，即使使用通俗的名詞，這又有什麼益處呢？不過有高度正確性的術語，總以緩緩地逐漸使用為宜，每次用幾個，而用得要慢，便能十分注意到能使它們意義明顯的具體情境。

(三) 養成連貫的口語發表的習慣

我們已說過，語文不但選擇和固定意義，並且連繫和組織意義。每一意義，屬於一個情境；每一個字，也屬於一個句子（一個字有時自身也可以成一個句子），而每一個句子，又屬於一個故事，一段描寫或一次推論的過程。關於意義的必求連貫而有秩序，這裡無須再加複述。以下略述現在學校教學的方法，足以阻礙連貫語言表達，因而阻礙系統思考的幾點：

1. 教師獨占說話的機會。許多教師，如果每日終了，想一想自己說話和學生說話的時間的比例，應該覺得駭然。學生的說話，常限於答問時的簡短的成語或斷續的句子。詳論和細解都是教師自己擔任。學生方面，答語還沒有說完，只要有一點暗示，教師便立即接受了，而替代他，並補充他的意思。這樣養成的片段的和不連貫的口語習慣，是很有害於思考貫徹的。

2. 指定簡短的功課，而於授課時間，只進行瑣細的「分析的」問答，也有同樣不良的影響。在歷史、文學等學科中弊害尤深。教材大概是分段又分段，以致全部意義的統一性和了解所需的背景都毀滅了，所餘的就是不相連貫的片段的堆積，再也看不出有什麼高低輕重之分了。教師自己常不覺得，這種教材的統一性，只存在於他自己的心裡，而學生所得的，只有片段了。
3. 專注錯誤的避免，而不顧到思考能力的發展，也足以阻斷連貫的口語發表。兒童有時開始說話而願意說得很好，無奈教師尋瑕索疵，使得他惴惴於自己或有的錯誤。於是應該用在思考上的氣力，都移用於免除錯誤，或被動地掩蔽錯誤上去了。這種情形，在作文裡尤其顯著。教師們要兒童專寫瑣碎無關的題目，簡單而簡短的句子，說是這樣可以減少寫作的錯誤。中學和大學裡作文的教學技術，常變成一種偵錯的技術。學生因為拘束和不安，什麼寫作的熱忱也沒有了。要說什麼話，怎樣說得好，這種發表思想的興趣也乾涸了。被迫而說話，和自己有話要說，這兩者實在有很大的不同。

第十七章
觀察力與知識
在思考訓練中的角色

　　思考是為了發現事實（材料）的意義而進行材料的整理。思考不能離開材料的調整，就像消化不能離開食物的吸收。所以教材怎樣供給和怎樣吸收是基本的重要問題。教材的繁簡失當，秩序紊亂都會妨礙思考的習慣。如果學生會適當地自己進行觀察，或由他人（以書本或語言）適當地進行知識傳遞，則論理訓練的勝利已一半取得了。因為觀察和知識傳遞，是獲得材料的途徑；而其進行的方法，則直接影響到思考的習慣。這種影響在不知不覺地產生，所以是深刻的。最好的消化，也可能會被不良的食物，飲食的失度失時和不均勻的分配所損害。

第三篇　提升思考的實踐

一　觀察的性質與價值

■ 觀察自身不是一個目的

　　前章說到反抗語言文字過用誤用的教育改革者，都主張兒童自己進行直接的觀察。這些改革者，認為過重的文字剝奪了兒童和實際事物接觸的機會，所以要取感覺經驗以代之。在熱烈的情緒中，他們不暇問觀察是怎樣，為什麼而有教育價值的，因此他們誤以觀察自身為目的，誤以任何條件下任何材料的觀察為教育，也就不足為怪。還有以為兒童心智慧力發展的順序，是先感覺，其次是記憶想像，最後是思考，也表示觀察孤立性的觀點。從這觀點看，觀察是專為供給將來思考所需的原料。而我們前面早指出，簡單具體的思考，陪伴著我們一切不在物質平面上的對事物的相互關係：也就已夠顯示上述觀點的謬誤了。

■ 擴充接觸範圍的同情的興趣可以推進觀察

　　人人有類似好奇的欲望，求擴充他們對人物接觸的範圍。美術館的門口，貼著禁止攜帶手杖和陽傘的文告，這證明單看一看是不夠的：非有直接賞會的機緣，不會有親切接

第十七章　觀察力與知識在思考訓練中的角色

觸的感覺。這種充分親切的觀察慾求,與為觀察而觀察的興趣是全然不同的。它的動機,是自我擴充「自我實現」的一種欲望。這興趣是社會生活和美感的同情,而非知覺的。因為兒童的實際經驗少而可能的經驗多,兒童們是最富於這種興趣的;但成人中間,沒有被習慣的生活磨鈍了這興趣尖鋒的,也還是有的。

這種同情的興趣,把無數零亂的、片段的,且不能產生理智作用的事物連繫了起來;結果,固然只是一個社會生活的和美感的組織,而不是有意的理智的組織,可是也就供給理智探求以機會和材料了。有些教育者,主張小學的自然課,應該先培養兒童對於自然的愛好和欣賞自然,而不需要過於注重分析的研究。又有些教育者,則竭力著重動植物飼養培植的活動。這些重要的建議,都從經驗得來,而非從理論出發,可是和我們上述的論旨,是很相符合的。

行動中的需求
可以推進觀察感覺訓練說的錯誤

在常態的發展中,分析的觀察,全起於採取手段以達到目的的行動中的迫切需求。凡人在智慧地做事的時候,除非是慣例的事,要求事的成功,不得不使用眼、耳以及其他感官,以為行動的引導。感覺沒有靈敏的使用,連遊戲也不可

能；在工作裡，材料、工具、失敗、成功必須嚴切注意。感覺是為做事的成功而使用，絕不是為訓練而使用的。雖不是為訓練，而在做事中所得的，卻是最經濟和最徹底的訓練。至於以往教師所用以訓練感覺的各種方法，如寫了字（甚至無意義的字），排列了幾何圖形，要學生一看以後，便能重複展現那些字和形。在視覺的敏捷，字形的記憶上，雖常能使兒童獲得很大的技巧，而這些方法，偶爾當作遊戲是有益的，若與在木工、金工、園藝、烹飪、動物飼養等作業中所得的眼和手的訓練比起來，便遠不及了。

那種孤立的無意義的練習，沒有理智的蓄積會遺留下來；即使獲得技能，而這種技能也沒有多少轉移應用的價值。批評感覺訓練的人，說許多人能夠複寫出字型圖形，而不能夠正確記憶鐘錶上的形數排列，認為感覺訓練的工夫還沒有做好，這話更不對。因為人們看鐘錶，原為要知道時間，只要知道時間是四點鐘，無須再問鐘面上的符號是III或IV，如其要注視這些小節，反而是浪費時間了。所以在觀察的訓練中，行動目的與結果的問題是最重要的。

理論問題的解答可以推動觀察

隨著實際的反省的進於理論的反省，觀察也發展到了科學的平面，這在第六章中已經說過了。問題的解答，漸漸地

第十七章　觀察力與知識在思考訓練中的角色

要求觀察對準有關問題的事實,而不僅對著有關實際目的的事實。而在學校裡,觀察失卻理智的效用,就是因為學生缺乏用觀察以確定而解決的一個問題的感覺。這種孤立觀察的弊病,暴露於全部的教育中,從幼稚園以至大學沒有例外。到處把觀察當作完全的、最後的、自身的目的,而不把它當作蒐集事實,試證觀念,以解答問題的方法。並且,觀察也因沒有目的地引導,違反了正當理智的方法。

在幼稚園裡,幾何形、線、面、立體、顏色等等的觀察是堆滿了的。在小學裡奉著「實物教學」之名,事物的形狀與性質,蘋果、橘子也好,粉筆也好是隨便拿來觀察的;奉著「自然研究」之名,樹葉、昆蟲、岩石又是隨便拿來觀察的。在中學和大學裡,實驗室和顯微鏡下的觀察,更是不斷地進行,彷彿所觀察的事實的積聚,和儀器使用的熟練,便是教育的目的了。

■ 科學上的觀察

拿這種孤立的觀察和科學研究上觀察比一比。傑文斯說,科學家的觀察,「只有受著試證臆說的希望所引導的」才為有效,又說「可以觀察和實驗的事物,是無窮的;如果沒有確定的目的,而徒然記載事實,則這種記載,並無價值」。嚴格來說,以上第一說還嫌狹隘。科學家的觀察,並不專為

試證臆說,也為確定問題或發現問題以為臆說構成的引導。可是傑文斯的主旨,在說科學家從來不以積集觀察為其自身的目的,而只把它作為達到理智的結論的方法,這主旨是絕對正確的。教育家對這點沒有充分的認知,則所謂觀察,始終只是乏味的機械作業,或沒有理智價值的技術訓練而已。

二　教育上觀察的方法與材料

　　觀察在思考訓練中，怎樣能夠發揮它正當的功用，現在學校裡所施行的最良的方法，也給我們不少的暗示。有三點，值得說一說。

觀察應包含自動的探究

　　最好的方法，把觀察認為是一種活動的過程。觀察是探索，是為了發現未知未顯的事物，以達到一種實際或理論目的的考索。它不同於已知已顯的認知。已知已顯的對事物的認知，原為探索中不可缺的因素，然而是比較機械的，被動的觀察則需要機警、靈敏、積極的尋找和自動的探究。通常以為事物的顯現於感覺，正如字跡的書寫在白紙上；以為印象的攝受於心智，正如圖影的投射於照片上；這種看法，曾大有害於教學，而也就由於不能辨別認識和觀察所致的。

觀察應引起結局期待的興趣

　　關於觀察材料的選擇，我們可以從小說戲劇中「構局」所引起的緊張期待的興趣，得到許多暗示。為什麼人們對於小說戲劇有機警的觀察，這是因為其中有已知未知和新與舊的

第三篇　提升思考的實踐

精巧的綜合，而引起了迫切的期待。聽人說故事，屏氣斂息地等著下文；事情的發展，有幾個可能，我們要問：「後來到底是怎樣的結局？」你把兒童對於故事裡重要情節的自然而充分的注意，和他對於靜止觀察的艱難而隨便的情形比較一下，便明白了。

兒童做具體的事情（只要不是機械的，慣例的），也一樣有這緊張的注意。結果是期待著的；為成為敗，何時何種，都在不定中；那「構局」的興趣是濃厚的。建造的手工作業，會得到兒童對於工作條件和結果的殷切觀察，就是這個原因。教材的比較，不涉人事的也未嘗不可利用這個原則，動的比靜的總容易吸引注意，這是一句常談了。可是學校中所用的觀察教材，常是死的，靜的，沒有生命和戲劇般的興趣。當然單是動，單是變化，也不夠它們能刺激觀察，不能就引起思考。要像小說和戲劇一樣，動和變在一定的順序「構局」裡發展出來；每一變動，使人回顧到前一變動，期待著後一變動，這樣才能幫助思考習慣的養成。

生物的觀察，最能滿足這個條件。凡有生長，即有動和變，也有一定的動和變的順序：前者刺激思考，後者組織思考。兒童對於播種以後，觀察其發芽、抽條、一步步地生長，所以感著興趣，就為它是展現在自己眼前的一幕戲劇，每一步的生長和那植物的命運是有關的。近年動植物學的教學上的大進步，就在於把動植物看作活的東西，能動的東

西，而不是死的標本。如果把它們看作死的標本，則觀察也只有死的分析（定名、分類、列表、記載）。

事物靜的性質的觀察，原沒有重要的地位。但主要的興趣如屬於它的「機能」（function），則對它「構造」（structure）的觀察，也就有了動機了。對於活動的興趣，無意地會轉向到活動的由來；對於變化的興趣，會轉向到什麼器官在變化。倘使一開頭便是形態、大小、顏色、部位的解剖分析，那便是死的呆板的教材了。兒童知道了動物靠肺來呼吸，便自然地要尋求植物的呼吸器官，如果把這構造的觀察和機能功用的觀察分開，則兒童便厭惡這種觀察了。

觀察應變成科學的性質

最初為實際需求或視聽娛樂而進行的觀察，最後變化為理智目的而進行觀察。兒童應該學習：（1）為發現疑難而進行他們的觀察；（2）為引起觀念而進行他們的觀察；（3）為試證觀念而進行他們的觀察。

總括一句話，觀察要變成有科學的性質。也可以說，觀察要循著從外延到內涵的律動。從廣泛的事實的蒐集到選擇少數事實的深究，問題應該漸確定，而暗示的解釋應該漸有效。廣泛的觀察，給予學生對研究事物真切的感覺，使他知道事物的各種關係和可能，使他有許多材料得以想像而化

成為觀念，所以是必要的。但要限制問題的性質，求得試證臆說的條件，則精密的觀察是必要的了。如果這兩者有所偏廢，則前者以膚淺散漫而不能控制理智的發展，後者以專門深邃而不能激發理智的興趣。所以在生物科學裡，野外研究和自然觀察必須與實驗室裡顯微鏡下的觀察，互動進行在物理科學裡。

選擇實驗的事物研究，必須有自然界中光、熱、電、重力等尋常現象的觀察作為準備，這樣學生可以得到科學上發現與實驗的方法技術，而同時保持他實際生活的感覺，知道實驗室裡所研究的，也即是自然的實際，並不是學校的特有問題。不過，科學的觀察也不排斥實際需求或視聽娛樂的那種觀察。後者的觀察因為它對於文藝、繪畫、音樂等的貢獻，而變成藝術的觀察了。世間喜歡看，喜歡聽的人，還是最好的觀察者。

第十七章　觀察力與知識在思考訓練中的角色

三　知識的傳遞

一切說完了，做到了，我們還得承認，任何觀察者所能達到的範圍，到底是狹窄的。我們每一個信念裡，即使是親自經驗所得的信念裡，無意中有著所聞所讀的他人的觀察和結論的成分。雖然學校裡觀察的活動是大大地增加了，而教材的極大部分，還是從書籍、講演、談話以及其他來源得來。怎樣使教師和書本傳遞的知識，產生理智的功用，這是一個很重要的教育問題了。

傳遞的知識怎樣能有理智的價值

所謂「教學」（instruction）的主要意義，無疑是他人的觀察和推論的結果的傳遞。教育上把積聚知識當作最高的理想，也無疑是因為以他人的學習為學習的過分重視。不管它有怎樣的流弊，知識的傳遞是不能廢的。問題是：怎樣把這種知識轉化為發展思考的工具？用論理學的名詞說，別人經驗所供的材料，是我們用自己的判斷以達到結論的一種「證據」（evidence）。我們應該怎樣處理教材，使它不像商店裡買來的現成的食品，而成為反省的思考裡的材料呢？這是教學上的問題。

(一) 傳遞的材料，應有需要的感覺

那是說，這種材料應該是學生直接經驗所不易獲得的。如果教師和書本，所裝滿了學生心智的事實，只是他們可以不費工夫而直接易於探索的東西，這就蔑視了他們理智的健全，而助成了他們的依賴。這不是說，傳遞的材料，應該單薄稀少。自然與歷史的世界是無限的。但凡可以使用直接觀察的地方，必須仔細選擇，而加以神聖地保護。不可以輕易地滿足，而把好奇心消失了。

(二) 傳遞的材料，應該是一種刺激，而非獨斷的結論

當學生養成一種觀念，以為每科學問，都已讓教師或書本確定了，這是最後的最完備的了，以外更沒有任何學問，到這時候，他們變成了馴服的學生，但是不復學習了。任何思考，必有一點獨創性。這不指學生自得的結論和別人已得的結論相違，更不指他們的結論的新異。所謂獨創性，無非指學生對於問題，有自己親切的興趣；對於暗示，有自動地反覆試證，有貫徹以至獲得結論的忠誠。任何思考，要自己去思考；告訴學生說「你得自己想」已是一句累贅的廢話。

(三) 傳遞的材料，應與學生自己經驗中的問題相關

我們以前所說把觀察自身當作目的的弊害，同樣適用於傳遞的教材。教材若不適合學生經驗中已感到的興趣，或無

第十七章　觀察力與知識在思考訓練中的角色

法引起能感到的問題，則在理智發展上，比無用還要不好。這種教材，不能深入反省的過程，所以無用；而堆積在心中像廢物破料一樣，遇有問題發生，它們反而橫亙著而障礙了有效的思考，所以尤有害。

　　這個原則的另一說法，便是：傳遞的材料，應該融合於學生已有的經驗組織。大家熟悉心理學上所謂「統覺」（apperception）的原則，即新的材料，應以舊的經驗來融化。教材的統覺基礎，在可能的限度內，應該是學生已有的直接經驗，不是書本。學校教師，有一種趨勢，把新教材和舊教材相連，卻不和學生在學校以外已得的經驗相連。老師會對學生這樣問：「你們記得上星期書裡所說的嗎？」卻不會問：「你們記得曾看過聽過這樣的事嗎？」結果，學生所得的知識，自成一個分離孤立的系統，靜止地籠罩著日常生活經驗的系統，而兩者不能夠互相溝通，互相融合。我們教學生生活於兩個分離的世界，實際的世界和書本的世界。等到知道學校裡所學的在學校以外是這樣的無用，卻又驚訝了。

第三篇　提升思考的實踐

第十八章
教學方法與思考能力的提升

第三篇　提升思考的實踐

一　關於授課的錯誤觀念

　　教師向學生授課的時候，有最親近的接觸。凡引導兒童的活動，激發他們求知的熱誠，影響他們的語言文字的習慣，指導他們的觀察，這種種可能，都集中在授課上。所以我們現在討論到授課在教育上的功用，我們只是再申說以上三章裡的諸原則，而不是另提新的問題。授課的方法，是教師診察兒童理智現狀，供給可以引起理智反應的刺激能力的實驗；是教師的藝術的決定的實驗。

■ 反誦對反省

　　英語用 recitation 一詞，表示最親近的教學時間，是最不幸的。Recite 原是反誦、複述的意思。這可以看出過去的教學，只是記憶知識，及時誦答。而基本的真理，則在授課的處所和時間，應該用於兒童思考的刺激和指導。本章全部所說的話，沒有比這一點更重要的。記憶和複述，雖不可缺，而只是養成反省的思考態度中偶然的因素而已。

　　在教育現制上，授課比別的事情，更顯示無目的（因為不用以解決困難）的判斷知識積聚的錯誤的理想。這樣的比喻，不算過分：即兒童譬如是感光的底片，教師把文字刻印

第十八章 教學方法與思考能力的提升

上去,一到授課或考試的時候,這種文字便復現出來。再換一個比喻,兒童的心智猶如一個蓄水池,知識用一個管子機械地引進去,授課是另一個水泵把它排出來,教師的技能便以他或她的運用這一進一出的兩個水管的能力來評定。

被動的弊害

這種方法獎勵兒童的被動,是不消說的。在一切思考的討論中,我們著重這一點:被動是思考的相反,被動表示判斷和理解的缺乏,好奇心的消失,散漫的思想態度的長成,讀書由樂事變成苦役。被動有時連記憶事實原則以備將來需用的目的也達不到。因為心智不是一張吸水紙,而能夠機械地吸收。兒童的心智,是一個有機體,一個生物,它尋求所需的食品,依照所需而迎拒;它所接受的,限於它所能消化而變為自己生命力的一部分。

授課要達到什麼目的呢?這有三項:(1)授課要刺激理智的熱誠,學問的愛好,這主要的是情緒上的態度。(2)學問的興趣已引起了,照著它的程度,授課要引導這興趣,使兒童進入理智工作的軌道;好像我們引導河流,使它流入產生動力運轉機器的軌道一樣。(3)授課要幫助兒童組織理智的所獲,以實驗它的品質和數量,實驗所有的態度習慣,而確保它們將來的效用。

（一）授課要引起理智的欲求

　　學問的衝動，是內發的。人在心理上和在生理上一樣，有他的欲求，有他的飢渴。而環境中所有的食料，無論現成的或尋獲的，最後決定他飲食的是什麼，決定這欲求滿足的方向。所以外部的刺激，尤其是社會環境中的刺激，決定理智的欲求繼續前進的方向。嬰兒要學說話，先要有一個內發的欲求。他含糊而無意義的語音和散亂的姿勢，因著社會的接觸的刺激，便表現出意義來，而有理智的作用了。

　　在授課的時間，一個成熟的且有經驗的教師，領導著一個有共同興趣的兒童團體，他第一要激發他們的求知的熱誠。一個學生或許是空虛而怠惰的，或者雖有興趣，而興趣不屬於功課的。教師的任務，在打動他的心情，傳導於他一種理智的激奮。教師中間，常有並未受過教育方法或心理學的訓練的人，而成為偉大的教師；有時比有專業訓練的人更偉大。讀者試回憶自己的學校生活，便會恍然於這事實的原因。留下最深刻印象的教師，是能夠喚醒一種理智的興趣的，能夠傳導對於一項知識或技能探求的熱誠的，這最緊要。有了知識的飢渴，則知識的探求隨之；沒有，則即使把兒童的心智裝滿了知識，也無用。

　　怎樣才能夠傳導這種求知的熱誠？前面的討論已提及了。一則教師自己先要有真正的理智的興趣，學問的愛好無

第十八章　教學方法與思考能力的提升

意中才能鼓舞學生的興趣。一個厭倦了循例授課的教師，徒然把所教的功課變成死物。二則教科書要當作工具，而不當作目的。在引起問題供給解答問題的材料上，教科書是有用的。但如果讓教科書主宰了教學的進行，結果是思考的僵化。一般地說，對於教科書的材料，宜於用側面的攻擊和正面的文字的攻擊，把兒童的心智陷入了教材的固定的窠臼。所謂側面的攻擊，便是要以討論的形式，充分利用兒童們自己的經驗知識自由交換。

一個有朝氣的討論，會把問題的中心顯示出來。把思考集中於幾個要點，把知識向這幾個要點而組織起來：這樣的討論便不至於讓散亂的事實模糊了理智的觀點，奪去了兒童判斷事實重要或不重要的機會。它使兒童從自己經驗或別人經驗中，反覆探查其與當前問題的關係。雖然討論不應當退化而為辯論，而熱烈的討論，也必須表現不同的觀點，以確定問題的所在。教師的語言的機妙，以及對於兒童所遇困難的同情，也是不可少的。

(二) 授課要匯入學習的良好習慣

刺激和引導是同時進行著的，我們不必重複以前的所說。從引導一方面看，所要注重的，是學習的良好習慣的養成。

学習是側重於語言文字所供給的材料的一種思考活動。通常所謂「好學」，便常指愛好讀書。同時也作研究解，如學習機械、財政、政治等，便指研究這些問題而言的。我們要明白：探索研究的活動，是很有異乎記誦書本講義的。

思考是積極的探索、尋找與研究，以求發現新事物或獲得已知的事物的新理解的。思考實在就是一種疑問。傳統的授課方法，是教師對學生的發問，這並不錯。可是這種發問，只以取得答案為足，而並不提出問題，供師生共同的討論。在「預習」時間裡，學生先將教材記熟了；到了「授課」時間，他們便拿來背誦；這「預習」和「授課」（即學和教）的分離，是十分有害的。學生的學習是需要引導的。所以「授課」時間，應該是一個學習指導的時間，在這時間教師知道學生在學習上所遇的困難，所用的方法；給予學生正當的暗示，克服他們的不良思考習慣。總之「教」和「學」是相連的，「教」應該根據所已學的而引導到所未學的。

發問的技術

授課所需的技術是怎樣發問以指導探究，養成自動探究的習慣，無論是觀察記憶以尋求相關的材料，或理解所得材料意義的技術。發問的技術，這樣就是教學的技術，我們不能舉出它的刻板的規則來。以下只是幾個要點：

第十八章　教學方法與思考能力的提升

1. 發問要使學生使用已學習的材料以應付一個新問題，而不是要他複述那已學習的材料。這需要學生的判斷，而養成他的對付事物的「獨創」的能力。例如一個高級班已經學習過蛇的教材（包括解剖工作），教師問：「蛇怎樣在地上行動的？」蛇的肌肉骨骼，學生已經知道了，這一問，要他們使用已得的知識，想像蛇的結構的機能。至於複述材料的一種發問，在下列的情形下也用得著一個問題討論很久，而學生還在無目的地摸索和犯錯，這時要他重複說明相關的事實和原則，便有益了。
2. 發問要使學生注意教材，而不是注意教師的目的。倘使只是為了取得教師所要的正確答案，學生在授課的時間，只做猜謎的工作，這原則便被違反了。
3. 發問要使討論有繼續的發展。倘使各句間語，各自獨立，學生答過了，便算一項教材完了，那就沒有了問題的繼續發展。全部討論須有整個的情境；其中前後各點，依次而成有秩序的運動：否則學生所得的觀念便是片段的、散亂的了。
4. 發問要隨時回顧以前的所得，總括它的意義，而掌握住最重要的材料。每次授課中，應有兩三回的組織的複核，使討論不至散漫，也應有不時地總結，把以前所得的材料，放在新材料的系統裡。

5. 授課要使學生常有對未來問題的期待。雖然每課終了，要複核以前的所得，而尤其要有小說戲劇般的構局，使人殷切期待著下一章和下一幕的展開。俗話說，教育兒童要從他的祖父母教育起。較切於實際地說，引導思考要從授課中遺留下來的求知欲望引導起。

(三) 授課要測驗理智的獲得

關於授課的第三個功用「測驗」也沒有再多加說明的需要。以複述記憶的材料為測驗是錯誤的，上面已討論過了。重要的測驗是關於：(1)理解的進步；(2)以已學的而進求學習的能力；(3)思考習慣態度（比如好奇心、連貫、複核、總結、定義、虛心、誠實等）的增長。

二　授課的進行

現在根據上列的原則，討論一下授課的進行。

第一需要是學生心理的準備

授課的第一需要，是學生心理的準備。最好的，也是唯一的準備，是引起一種新異的、疑難的、需待解釋事物的感覺。疑難的感覺，既然是內發的，它逼迫著學生機警，主動地去探究。問題的刺激逼迫著心智向前的追求；這是任何沒有這種作用的巧妙的教學方法所不能及的。要回憶過去所得的知識，確定當前問題的性質，而求得它解答的方法，非先有問題的感覺不成。

教師在有意地引起學生的舊經驗的時候，要預防幾種危險。（1）準備不可太長太盡，以防學生厭倦，而轉失其作用。在跳高的競賽中，有人要跑步作勢，但跑得太長了，到了界線，反沒有跳的力氣了。（2）我們所恃以直接理解新事物的，是我們的習慣；硬要把習慣的反應，化成有意的觀念，反而阻礙了它們的作用。當然舊經驗中，有若干因素，是必須轉化而為有意的認知，像植物的生長，有時是必須靠移植一樣。但常常挖掘經驗，也和常常挖掘樹苗一樣，是生長的

危害。我們最容易忽略觀念自己的推動力。觀念一經引起，學生自會增進新觀念和樹苗長出新芽一樣。

教師參與的程度

在討論中，教師應該供給多少新材料，這在前一章說到關於知識傳遞的問題時，已經涉及它的一個方面。在許多地方，教師深恐養成兒童依賴的習慣，因而在討論裡不敢積極地參加。其實教師說得太多，固然阻撓兒童的思考，說得太少也不足為思考的刺激。教師的實際問題，是怎樣保持一個平衡。只要兒童對於討論的問題，有熱烈的興趣；只要教師留著他們對於材料選擇的自由，則教師以熱誠而至供給過多的材料，也便沒有什麼危險了。如果在教室裡充滿著自由交換經驗的社會精神，人人有貢獻意見的義務權利，難道教師反而應該限制他的義務和權利嗎？只有一點，是他應該嚴防的，他不應搶先著提出材料，而阻止兒童的意見；要在緊要的關頭，兒童自己經驗缺少的時候，才提供所急需的材料。

反對這種自由討論的教學方式的人，常說這種討論是散漫而無目的的。我們不否認這個危險的存在。可是兒童和青年要預備參與民主社會的生活，則教育上這個危險，只有不躲避，而設法去克服它。民主政治的失敗（批評者以失敗而歸罪於全班民主的理想），由於成年人對於社會的問題，不能

第十八章　教學方法與思考能力的提升

參與自由地討論：不能提出智慧的意見，也不能判斷別人提出的意見。他們早年的教育，使他們產生這種思考的習慣，而阻礙了民主社會的成功。

使學生貫徹說明所提的意見

避免散漫而無目的的討論，最緊要的，是使學生貫徹說明所提的意見。每提出一個原則，他要負責推演它的意義，以及它和當前事實的相關。沒有這種負責的態度，則討論對於思考訓練，實際上仍沒有補助。聰明的教師，很會選擇學生的說話，他有很大的技巧，把學生說的不相干的話，輕輕掠過；而把他自己要他們怎樣說的話，重重申明。這也稱為「暗示的發問」，它解除了學生理智的責任，除養成賣藝者似的迎合教師的能力以外，得不到什麼。

要使一個含糊的觀念，反覆沉潛於心中，而成為明晰確定的思想，必須有一個休止期間，專心思索不可。我們說：「停下來，想一想」。是的，反省的思考是常需停止外部的觀察反應，而使觀念漸漸滋長的。觀察和實驗在某一階段裡是必要的，而沉思默想也有它的必要。食物消化的比喻，在這裡是有用的。大咬而牙齒作響，不是消化；大聲地辯論答問，不是沉思，所以教師必須慢慢地讓學生把所有的意思，比較衡量，有從容消化的機會。看著時計而等待迅速的答案，不是發展思考習慣的道理。

■ 集中注意於代表的事例，以免紛亂

羅列許多事實而不分輕重，必致思想紛亂。注意是選擇性的，我們通常只注意一件事，以為一參照的中心。紛舉甲、乙、丙、丁的多多的事例，而要找出其相同之點；這種教學方法是一定失敗的，教師應當從一個事實或情境開始它的意義，起先是含糊的，然後，參取其他事實，以便這代表的事實的意義逐漸明顯。每一附加的事實，必須掃除一點疑難或補充原來的事實的一部分意義。

總之，教師應留心選取代表的事例，為注意的中心所謂代表的，是能夠暗示一類事例的原則的。例如說到「河」，有一點智慧的人，絕不會開始列舉無數的河，他只舉出一條河並提示其中的疑點，然後附加上別的河的例子來解釋這疑難；同時也以這疑難，去綜合其他例子中紛繁的事實。這種往復前後的參照，保持了意義的連貫，也避免了事實的孤單。所謂概括的原則，是從事實的限制中解放出來的意義。假的概括的原則（有文字表述而沒有理解的），便是不能拿來移用於新事例的意義。有了中心的意義，再求它在新事實上的應用，則事實雖多，而不致紛亂了。

三 教師的職能

■ 教師是領導者

教師在舊式教學裡是獨裁之王,在新式教學裡是無用之物。在事實上呢,他應該是一個社會集團——兒童與青年的學問的集團——的領導者。他的領導不以地位,而以他的較深的知識,較成熟的經驗。若說兒童享有自由以後,教師便應「退位」(退處於無權),那是愚笨的話。

■ 關於教師領導地位的錯誤觀念

為了減輕教師的領導和責任,有些學校裡,不讓教師決定兒童的工作,或安排適當的情境,以為這是獨斷的強制。為了尊重兒童的自由,便一切意見須由他們自動提出來:在幼稚園和小學低年級裡,尤其是這樣。結果是這樣的笑話:小孩子到了學校,問教師說,「今天我們應該做我們要做的事嗎?」不由教師決定,而由兒童決定,等於讓偶發的事情和偶然的接觸(兒童在路上的所見,昨日的所做,或看見別人的所做等等)來決定,殊不知工作總是要做的,工作的目的,總是從環境中(不論直接或間接)得來的,你不讓教師來

第三篇　提升思考的實踐

決定，不過以兒童偶然的接觸替代了教師智慧的計畫而已。教師而有權為教師，正是因為他最懂得兒童的需要和可能，而能夠計劃他們的工作。

教師需要充盈的知識

教師怎樣能夠做理智的領導者這是一個重要的實際問題。第一個條件，他要有充分而盈溢的知識。他的知識要比教科書或任何固定教材所有的，廣博得多，然後才能旁通曲暢，而應付偶發的問題。他要有求知的熟誠，然後才能使這熱誠傳導於兒童的心裡。

教師需要充盈的知識，有許多理由，過於明顯，無須再說。而其中心的理由，或許還沒有得到一般的承認。這理由是：教師在授課的時候，必須有餘力對兒童心智反應進行觀察。兒童的問題在教材上；教師的問題在兒童心智上。如果教師對於教材不先有深透的熟悉，使臨時可以不假思索而使用出來，他就不能以全部的時間和注意，從事兒童心智作用的觀察和解釋。他對於兒童口語發表的意義，固須用心；就是對於他們的身體表現（驚奇、厭倦、領會、佯作注意、憋於自炫、爭先說話等）也要體會。從這中間，體會兒童理解和察觀的程度。

第十八章　教學方法與思考能力的提升

■ 教師需要專業的訓練

因為教師是兒童心智的研究者,他於教材知識以外,尤需要教育技術的知識。為什麼教師要研究心理學、教育史、各科教學法一類的學科呢?有兩個理由:(1)有了這類知識,他能夠觀察和解釋兒童心智的反應,否則便易於忽略。(2)懂了別人用過而有效的方法,他能夠給予兒童正當的指導。

不幸的是這種技術的知識,有時被認為是固定的行動的規則,而不當作自己判斷和觀察的工具。所以遇到這種知識,阻礙自己常識決斷的時候,寧可採取自己的判斷,當然,要是智慧的判斷。因為專業的知識,而不能幫助觀察和判斷,便成為機械的公式,不消化的廢料,反為教師之累了。

最後,教師對於授課,應有特殊的預備。否則,他不是無目的地進行,便是受著教科書的拘束。活用教科書,活用偶發的問題和事例,必須教師臨到授課之時,有新鮮的興趣,充盈的知識。有許多問題,自己先要想到的。對於這一課,學生的舊經驗、舊學習裡,有什麼可以利用的呢?怎樣可以幫助這新與舊的連繫呢?有怎樣的需求,可用以作為學習的動機呢?怎樣使這課的教材讓學生會得應用呢?這教材怎樣能夠個別化,使它具有顯著的特質,而又同時適應他們的特殊的需要呢?這些問題,教師在課前應該自己想一想。

四　欣賞

■ 價值的感覺

對於事物的充分的經驗，產生了它的價值的感覺。好像兒童在有興趣的遊戲裡一樣，他感覺到一種熱忱：這時，心智和事物（真理或情境）之間，融合無間，蔽障全消，這稱為欣賞。欣賞是價值的增高：心智完全理解了事物，事物因被欣賞而價值增高了。理智與欣賞，沒有內在的對立。不過，僅有理智的掌握的事實或原則，與情緒上感到滿足的事實或原則，中間卻有顯然的區別。後者是有價值的，被欣賞的。

■ 欣賞在思考中的地位

本書一再說到兒童有感覺情境和問題的必要，也就是說明思考與價值感覺，理智與欣賞的不可分離。現在再說欣賞在思考中的重要，也只是將內涵的意義，加一重給予外表而已。

新式學校排斥了常規的熟練和記憶，又將學科分成知識科與欣賞科；前者指算術、文法、自然歷史、地理等，後者指文學、音樂、美術等。欣賞的重要，以為僅限於後一類的

第十八章　教學方法與思考能力的提升

學科。這使這些學科成為感情的、想像的、不實在的,而「自我表現」流於「自我揭露」。

然而最大的弊害,還不在此,而在於誤以為在所謂知識學科中,含有情緒反應和想像的觀念(欣賞),沒有它們的重要的地位。人類不能分剖為兩部分:一是情緒的,一是理智的。雖事實上有這樣的分剖,但那是錯誤教育的結果,在本性上和常態中,人格是一個整體。除非理智與情緒,事實與想像,意義與價值,翕然融和,否則我們無法得到智慧與品性的完成的整體。教學的成功在於學生能夠對知識盡情「寵愛」。如其不能得到,則一切問題和討論,所求刺激思考的活動,也還是外在地強制、無熱誠地應付而已。

第三篇　提升思考的實踐

第十九章
總結

　　思考中有若干因素,應該互相平衡而調節的,卻常被分離而互相牴觸。我們現在再將這幾個因素,提示出來,以為全書的總結。

第三篇　提升思考的實踐

一　無意與有意

▊ 內涵與外表

「理解」這名詞的一個意義，是完全認定，或假定。事物的已理解的，是假定為當然，而無須外表的說明的。兩個人在談話中，互相理解就因為他們有共同經驗的背景。這背景是假定的，內涵的，是交換觀念的一個仲介，倘使要把它發掘出來，加以敘述，那便是痴呆了。

但是倘使兩個人在意見不合的時候，便須比較各人內涵的假定；無意間的假定，要拿出來作有意的說明。這樣，他們才能把誤解的根源去掉。一切有效的思考，實在包含著這無意與有意，內涵的假定與外表分析的律動。一個人自己進行他的思考，無意間假定了一種觀念的系統，也和與別人談話的時候是一樣。一種背景，一種目的，完全支配著他外表的觀念，而用不著有意地自己說明。他有意的思考，進行於這無意的背景所定的限度裡。然而反省既起於問題，則思考在這樣進行之中，到了某種限度，便有有意檢查那背景的必要。到了這限度，無意的假定，便須拿來作有意的分析了。

心智生活的這兩個方面，怎樣能夠保持適當的平衡，我們不能制定任何的規則。無意的態度習慣，到了什麼限度，

第十九章　總結

便該檢查，抑制，沒有一定的律令。有意的檢查和分析，到了什麼限度，便該終止也沒有人夠聰明而能仔細說出來；我們只能說，可以進行到能夠明白個人所有的問題而引導他思考的限度，使他不至於有錯誤的觀察或推理，而又有進行探究的方法。可是這樣說，依然沒有說明多少。這種平衡全視個人的傾向和機智如何，教育的成功沒有比培養這種平衡的態度更重要。

我們以前批評的「分析」的教學方法，就犯了一個錯：本來學生無意的態度可以充分含蓄的，它偏拿來作有意的說明。探求人人所已知，說明人人所已解，既屬無聊的干涉，也引起厭倦的心情。這種教學方法，是容易使好奇心喪失的。

反之，我們以前所批評的機械技能的熟練，我們所注重的感覺問題。應付新異，都是說明，困難或疑問，有有意提示的必要。只求迅捷的技能而不問新異的情境，只求正確的解答而故意避開了疑難，其為害於思考的發展，也和故意說明已知已解的是一樣。遇有困難，便須有意地檢查；知識要能應用，便須有意地組織。在學習的開始，無意的心智活動，即使有散漫的弊病，也應該寬容；到了學習的後段，則有意地複核，說明，便必須獎勵了。這無意和有意的活動，內涵和外表，前進和回顧，必須交相為用；前者給我們活潑新鮮的興趣，後者給我們控制思考的能力。

第三篇　提升思考的實踐

■ 即以本書思考的分析為例

以上的論點，就可以拿本書中思考的分析做一個例子。讀者看了這書，如以為學生在學習和教課的時候，應當有意地分析控制思考的各方法，那便不對了。我們的意思是：基本的控制，在於控制學生工作的條件，供給可以刺激暗示，引導推理證明的情境。至於這分析的價值，在於指示教師以控制思考最好的方法；教師是要知道的，學生卻不要逐步有意地分析自己的態度和方法。而且教師在供給了思考的適當情境以後，學生的活動，對於目的和手段，雖是有意的，但對於自己的態度和方法，盡可以無意地進行了。在藝術的工作裡，如寫作、繪畫、音樂等，藝術者的心思全用在創作事物上，而不用在自己的動機和態度上：這是教學上最可取的，我們要以藝術者作模範。我們的控制，要行之於情境的安排上。只有遇到特殊的疑難，或一再的錯誤，我們才引起學生注意到他們態度和方法，而說明其原因：這時的有意的分析，才是有幫助的。

■ 緊張與潛伏

我們常有這樣的經驗：在一個題目上用心得過久了，心智會失卻了它的靈敏；輪子還是在運轉，卻磨不出新的穀粉來了。這一狀態，便警告我們應該有一個休止，一點變換。

第十九章 總結

緊張過後,應該跟著有一個鬆懈期間、潛伏期間,讓思考像孵化一樣,慢慢地潛滋暗長。在這期間,所獲的材料,重新組織起來;事實和原則,自然融合在一起,隱的顯了,糾紛的理清了,結果是疑難渙然解釋了。許多人遇到了複雜而難解決的實際問題,只有帶著他們的問題去眠息,等到一覺醒來,竟是豁然貫通了,一個計畫已經孵化出來了。當然,對於那問題有關的事實,不先經有意的思索;對於可能的解決,不先經反覆的衡量;那也絕不會得到這種僥倖的發明和解答。所謂潛伏是思考整個律動裡的一個形態。

二　過程與結果

■ 工作與遊戲

在心智生活中，過程和結果，也要保持一個平衡。這在討論工作與遊戲上，已見得它的重要。兒童在遊戲中，興趣集中於活動；動作、印象、情緒的連續已夠滿足了，並不問什麼結果。在工作中呢，結果控制著他的手段。這兩者的分別，只是興趣方向的變更，並不是什麼根本上的分裂。如果把這興趣的側重，化成兩者的分離，那就使遊戲退化而為頑嬉，工作退化而為苦役了。

■ 遊戲不應變成頑嬉

所謂「頑嬉」（fooling）是任意的力的發洩。而遊戲則因有結果的認知，所以觀念和動作的連續，是有秩序的。如果把結果的認知完全去掉，這連續中的觀念動作便各個分散，而成為任情的、幻想的、無目的的，那就只是頑嬉了。小孩和動物都有頑嬉的傾向，這傾向也並不是完全壞的，它抵抗了習慣和常規的束縛。即使是夢想幻想，也可以引起思考的新的路向。但是這種頑嬉的過度沉溺，便是心智生活的散漫和枉費。唯一矯正的方法，是使兒童能夠明白他們活動的結果。

第十九章 總結

■ 工作不應變成苦役

但是興趣如果只限於結果,那就使工作變成苦役了。所謂「苦役」(drudgery)是對於結果的興趣不充滿於過程的工作。做苦役的人,只管所得的結果,而完全不管做的價值。他厭惡用力;而以用力為免不掉的苦難。大家知道,這世界上有許多必做的工作,是沒有內涵的,沒有樂趣的。可是說兒童應該受苦役的訓練,以養成忠於職務的能力,就大錯特錯了。強制兒童做厭惡的工作,結果是厭惡和躲避,而不是對於職務的忠誠。要使兒童樂於做本來所不感興趣的事,最好的方法,是要他理解所得結果的價值,使價值的感覺,從結果而轉移於過程。這樣,過程因為和結果產生了連繫而借得了結果所有的興趣了。

■ 工作與遊戲的態度的平衡

工作與遊戲分離的弊害,正如俗諺所說:「工作無遊戲,小孩變呆子。」反之,有遊戲而沒有工作,便只有頑嬉,而頑嬉是近於「痴愚」(foolishness)了。遊戲而同時又嚴正,這是可能的,也是理想的心智生活。在心智對於一個問題有著自由玩索的時候,只感著好奇和活潑,而沒有獨斷和偏蔽。這種自由的玩索,並不是以問題為頑嬉,而是能夠超脫成見和習慣的信念,對於問題自身的展開的興趣。自由的玩索,

是虛心，是不受外誘的對思考完整的信仰。所以它是嚴正的，它要求問題自身發展的貫徹。它是與浮躁或輕率不相容的，它要求問題解答的結果的審察。所謂「為真理而求真理的興趣」，實在是最嚴正的；然而這種興趣，就與自思玩索的愛好相同。

社會的情境，使財富的有餘獎助人們的荒嬉，貧窮的壓迫強制人們的苦役，以致遊戲和工作，看成分離的了。但在兒童時期，自由的遊戲和嚴正的思考的聯合，還是一個可以實現的理想。關於兒童生活的許多好的描寫，固然顯出他們的無憂無慮，不管將來，也形容了他們的專心一意，對付現在。為現在而生活，並不是不容許現在的意義的蓄積。現在經驗的擴充，正是兒童的正當的特權，也是他們將來生長的最好的保障。童年對於將來的經濟問題的關心，在某一方面，雖可以磨礪他們的心智，而這種早熟，這種老成的代價，便是好奇和靈敏的喪失。

藝術者的態度

藝術起源於遊戲，這是一句常說的話。不管這句話是否在歷史上正確。它指出遊戲和嚴正態度的調和，是藝術的理想。藝術者如過分專注於方法和材料上，雖可以造就很精的技巧，卻沒有得到藝術的精神。反之，豐厚的意象，如超過

了所嫻熟的技能,雖得到藝術的精神,又缺乏充分表現的技巧。只有目的的認識,能夠藉適當的方法使它具體表現出來;同時方法的注意,又受了目的認識的感發,才是藝術者的典型的態度。這種態度,在我們一切活動裡都可以有的,並不限於習慣上稱為「藝術」的活動。

教師是藝術者

　　教學是藝術,真正的教師是藝術者,這也是一句常說的話。教師能否當得起這藝術的殊榮,就看他能不能培養兒童和青年們這種藝術的態度。有些教師,很能夠激發熱忱,鼓舞努力,到這種程度,是好的。但最後的測驗,遠要看他能否把這熱忱轉化為有效的力量,能否使學生深入精細,獲得方法的熟練。如果不能,那就不能維持學生的熱忱;而這種理想,也只留渺茫的回憶而已。另有些教師,很能夠陶煉技能,得到熟練,到這種程度,也是好的。但若不能輔以價值的審辨,和理解的增高,那麼所得的技能,便會浪費於任何的結果。這種技能,隨著情境的不同,也徒然作為圖己之利,或迎合他人,或勉操苦役的工具而已。能夠指示感發興趣的目的又能夠訓練實行的過程,使得兩方面圓融貫徹,這是教師的難題,同時也是他的報酬了。

第三篇　提升思考的實踐

三　遠與近

■ 相熟生輕蔑

留心避免和兒童經驗相遠的教材的教師們，看到兒童對於很陌生的事情，興趣盎然，對於很熟悉的材料，反而漠然無動，他們常引為詫異。在地理學科裡，兒童絕不喜歡研究鄉土的環境，卻神往於大海高山。在語文學科裡，他們很不願意描寫切身的經驗，而暢寫著深文奧義。一個有教育的婦女，對工廠裡的女工，演講小婦人的故事，女工們聽得不耐煩，說：「那小說裡的女孩子的經驗，並不比我們的更稀奇。」他們要聽大人物的故事。一個關心於勞動心理問題的人，某次問蘇格蘭紗廠裡的一個女工，她整天在想些什麼。她答：「只要機器一開動，用不著十分注意的時候，便做她將來怎樣做一個公爵夫人，有終生用不盡的家財的美夢。」

我們敘述這些例子，並不是勸人多用生僻怪異的教材，而只是著重這麼一點：相熟的和相近的，本身並不能引起思考，只有拿它們來了解陌生的和相遠的，才有用處。心理學常說，人對於舊的，熟悉的，沒有很特別的注意。這是很有理由的。常在變換中的情境，急需適應，如其專注在舊的事

情，那是不經濟而危險的。思考要留著對付新的和疑難的。要兒童專心在已熟悉的材料上，便無怪他們漠不關心。舊的和近的，不是我們注意的目標，而是我們注意新和遠的中所用的工具；它們不構成問題，只供給解答問題中所需的材料。

■ 新與舊的平衡

這就說到了思考中新與舊，遠與近的平衡了。遠的供給刺激和動機，近的供給觀點和材料。換句話來說，最好的思考，要有難與易的調劑。太易了引不起探索，太難了沒有方法去探索。

遠與近的互動作用，也是不可少的。凡有思考必須所已見的能夠暗示所未見。所以舊的必須在新的情境中提示出來，才有刺激思考的作用。可是全是新的也不成，也不能有暗示的根據。在算術裡，教分數的時候，若不表明兒童學整數中所得的觀念的關係，那便茫然不易理解。等到分數熟悉了，兒童便會把分數看成替代的符號，而立刻產生相當的反應了。但要把分數用來解答更新的問題，則他的反應也依然不是機械的。新教材化成了舊經驗以後，又可以用來融化更新的教材，這螺旋形的程序，沒有限制。

■ 觀察供給近的想像供給遠的

在心智活動裡,想像和觀察的同時需要,也可以說明上述的原則。嘗試「實物教學」的教師們,常見到兒童遇到新的便感覺驚奇,遇到舊的只感覺沉悶。舊的事物,引不起想像的活動。天天觀察著事實,事實把兒童看得呆了;不是事實會使人呆,只因為把事實弄成呆板的死物,以致沒有想像的餘地了。如果能在新的情境中提示出事實來,那麼,想像又很豐富了。反過來說,想像也不是虛幻。想像的作用在於發現事實中的實際和可能,在於由近以及遠,由顯以及隱。歷史、文學、地理、自然科學甚至幾何學、算術都有非想像不能理解的材料。想像使觀察更廣更深;如果它變成幻想,那它才妨礙觀察。

最後,個人對人物的直接經驗與從知識傳遞中所得的種族經驗兩者的相連,也可以表示近與遠的平衡的必要。巨量地傳遞知識,常有淹沒個人的直接經驗的危險,而使知識失卻了它的人生的關係。教師能夠使傳遞的知識,刺激兒童感覺行動的直接的經驗,以發展更完滿更有意義的人生。那才真的是人師,而不只是教書匠。真正的知識的傳遞,包含著思想感情的傳導;如果它無法使兒童和種族間產生共同的思想和感情,那麼,也就不能稱為傳遞了。

第十九章 總結

國家圖書館出版品預行編目資料

約翰‧杜威談思考的本質,如何在千頭萬緒中保持理性:發現困難 × 找出問題 × 提出假設 × 推論結果 × 驗證猜想,只要五個步驟,高速提升解答效率!/ [美] 約翰‧杜威(John Dewey) 著,孟憲承、俞慶棠 譯. -- 第一版. --
臺北市:樂律文化事業有限公司, 2024.12
面;   公分
POD 版
譯自:How we think.
ISBN 978-626-7644-02-7(平裝)
1.CST: 思考 2.CST: 教育心理學
176.4   113019294

電子書購買

爽讀 APP

臉書

約翰‧杜威談思考的本質,如何在千頭萬緒中保持理性:發現困難 × 找出問題 × 提出假設 × 推論結果 × 驗證猜想,只要五個步驟,高速提升解答效率!

作　　　者:[美] 約翰‧杜威(John Dewey)
翻　　　譯:孟憲承,俞慶棠
責任編輯:高惠娟
發　行　人:黃振庭
出　版　者:樂律文化事業有限公司
發　行　者:崧博出版事業有限公司
E - m a i l:sonbookservice@gmail.com
粉　絲　頁:https://www.facebook.com/sonbookss/
網　　　址:https://sonbook.net/
地　　　址:台北市中正區重慶南路一段 61 號 8 樓
8F., No.61, Sec. 1, Chongqing S. Rd., Zhongzheng Dist., Taipei City 100, Taiwan
電　　　話:(02) 2370-3310　　傳　　真:(02) 2388-1990
律師顧問:廣華律師事務所 張珮琦律師
定　　　價:420 元
發行日期:2024 年 12 月第一版
◎本書以 POD 印製
Design Assets from Freepik.com